지역에 대한 관심과 문제해결적 실천

JB지역사랑
프로젝트

권 혁·서경화·오현규·전미옥 공저

B (주)백산출판사

머리말
Preface

　　오늘날 변화된 사회적, 문화적, 세계적 환경 속에서 올바른 세계
시민으로 살아가기 위해서는 개인의 정체성을 형성하는 지역에 대한
앎이 기본이 되기에 지역과 연계한 교육의 필요성이 강조되고 있다.
이에 본 도서는 '지역사회와의 관계 발전과 공생'에 초점을 두어 학생
들이 지역사회에 대한 이해, 지역사회의 문제 발굴, 지역사회 문제해
결이라는 단계별 학습 과정을 거치면서 세계적 관심사인 지속가능한
성장을 도모할 수 있도록 마련되었다. 본 도서를 통해 학생들은 우리
지역의 상황과 이슈를 이해하고 지역의 당면 문제와 예상되는 미래 문
제를 발굴하여 구체적인 해결 방법을 찾게 된다. 이를 위한 다양한 팀
프로젝트를 수행함으로써 지역에 대한 관심과 문제해결적 봉사 정신
을 동시에 배양하도록 하는 것이 본 도서가 지닌 교육적 목적이다.

2022년 3월

저자 일동

차례
Contents

Chapter 01 JB지역사랑프로젝트의 이해   9

- 프로젝트의 배경과 목적 ………………………………… 11
- 프로젝트의 활동 방법 …………………………………… 14
- 프로젝트의 성취 역량 …………………………………… 18

Chapter 02 지역사회에 대한 탐구   27

- 지역사회 이해 …………………………………………… 29
- 지역사회 참여와 자원봉사 활동 ……………………… 32
- 지역문제 탐색 …………………………………………… 35

Chapter 03 대학-지역사회 연계 프로젝트 사례   43

- 국내 대학 사례 …………………………………………… 45
- 해외 대학 사례 …………………………………………… 48
- 분야별 접근 사례 ………………………………………… 51

Chapter 04 팀별 주제 선정/현장활동계획서 작성 I   57

- 팀 프로젝트 활동 이해 ………………………………… 59
- 관심 주제 선정하기 ……………………………………… 60
- 관심 기관 선정하기 ……………………………………… 66

Chapter 05 팀별 주제 선정/현장활동계획서 작성Ⅱ   71

- 현장활동계획서의 의미 ································· 73
- 현장활동계획서의 작성 원칙 ····················· 74
- 현장활동계획서의 구성 내용 ····················· 75

Chapter 06 팀별 주제 선정/현장활동계획서 작성Ⅲ   79

- 현장활동계획서 작성예시 Ⅰ ····················· 81
- 현장활동계획서 작성예시 Ⅱ ····················· 85
- 현장활동계획서 작성예시 Ⅲ ····················· 87

Chapter 07 현장활동계획서 발표   91

- 현장활동계획서 발표의 중요성 ··················· 93
- 계획서 발표 스킬 및 기술 ························· 94

Chapter 08 사전 교육 안내   101

- 현장 활동 체크리스트 ······························· 103
- 현장 조사 가이드라인 ······························· 103
- 사전교육 안내 ··· 104

Chapter 09 현장 활동 사례 Ⅰ   111

- 문제해결 1단계(문제 인식, 주제 선정) ········· 113
- 문제해결 2단계(아이디어 구체화) ··············· 116
- 문제해결 3단계(실행, 결과) ······················ 116

Chapter **10** 현장 활동 사례Ⅱ 125

- 문제해결 1단계(문제 인식, 주제 선정) ·························· 127
- 문제해결 2단계(아이디어 구체화) ·························· 128
- 문제해결 3단계(실행, 결과) ·························· 130

Chapter **11** 현장 활동 사례Ⅲ 135

- 문제해결 1단계(문제 인식, 주제 선정) ·························· 137
- 문제해결 2단계(아이디어 구체화) ·························· 138
- 문제해결 3단계(실행, 결과) ·························· 140

Chapter **12** 현장 활동 사례Ⅳ 143

- 문제해결 1단계(문제 인식, 주제 선정) ·························· 145
- 문제해결 2단계(아이디어 구체화) ·························· 146
- 문제해결 3단계(실행, 결과) ·························· 148

Chapter **13** 피드백 151

- 동료 피드백 ·························· 155
- 결과보고서 및 발표 평가기준 ·························· 156
- 동료평가 기준 ·························· 156

Chapter **14** 결과보고서 사례 159

- 결과보고서 사례Ⅰ ·························· 161
- 결과보고서 사례Ⅱ ·························· 178
- 결과보고서 사례Ⅲ ·························· 191

⊙ 결과보고서 사례Ⅳ ·· 206

Chapter **15**　**JB지역사랑프로젝트 콘서트**　227

⊙ 우수사례Ⅰ ·· 229
⊙ 우수사례Ⅱ ·· 232

JB지역사랑
프로젝트의 이해

본 장에서는 〈JB지역사랑프로젝트〉에 대한 기본
적인 이해를 돕기 위해 대학-지역사회 연계 프
로젝트의 중요성을 인지하고, 활동 방법과 성취
역량에 대해 알아본다.

CHAPTER

01

생각해보기

우리는 누구나 일정한 지역 안에 거주하면서 다른 사람들과 함께 어울리며 살아가고 있다. 지역의 구성원들은 공공기관이나 시설을 함께 이용하고, 지역의 주민들 모두가 함께 편리한 삶을 살 수 있도록 의견을 모으기도 한다. 때로는 취미가 비슷한 사람들끼리 모여 다양한 정보를 공유하고 즐거움을 나누기도 한다. 최근에는 정보통신기술이 발달하면서 온라인 공간에서 정보나 의견을 나누는 활동도 활발하게 형성되고 있다. 그렇다면 우리 학생들에게 지역사회(공동체)는 어떤 의미를 지니고 있을까?

01 JB지역사랑프로젝트의 이해

CHAPTER

➔ 프로젝트의 배경과 목적

저성장, 저출산, 고령화 등 다양한 문제로 지역소멸 위기가 도래하자 지역사회에도 혁신을 위한 변화의 중요성이 강조되고 있다. 과거보다 주민들의 수요도 다양해지면서 창의적인 지역혁신의 방향성을 탐색하고 생태계적 관점에서 지역의 기업과 기관들이 함께 지역사회에서의 공생을 모색할 수 있도록 지역사회의 역할이 커지고 있다. 특히, 지역 고유의 특성에 따라 영향을 받는 지역문제에 대해서 지역공동체가 중심이 되어 다양한 대안을 스스로 만들어내기 위해서는 다양한 지역 주체가 참여하는 학습과 혁신이 활성화될 필요가 있다(한상일, 2019).

최근 이러한 어려움 속에서 대학의 책임과 역할에 대한 사회의 기대와 요구가 다양하되면서, 대학은 지역사회와의 관계 발전과 공생을 위하여 구체적인 실천 방안을 모색하는 데 많은 노력을 기울이고 있다. 지역소멸 위기는 지역대학의 위기와 함께 연결해서 살펴봐야 하며, 지역대학의 자생력과 경쟁력 확보를 위해서는 지역 특성화와 연계된 내실 있는 교육의 확보가 필요하기 때문이다. 무엇보다도 대학은 지역사회 문제와 위기를 극복하기 위한 학습과 혁신의 플랫폼이며, 지역사회와 함께 공동체의 가치를 만들어가기 위한 최적의 공간이다. 과학과 정보통신기술의 발전으로 우리의 사회경제적 환경이 크게 변화됨에 따라 이에 부합하는 새로운 인성과 현장에서 실제 발생할 수 있는 다양한 문제 상황에 대처할 수 있는 창의적 문제해결 능력도 중요해졌다. 이러한 역량 배양을 위해 대학이라는 고등교육 현장에는 다양한 교육적 방법론을 제공할 수 있어야 한다는 목소리가 커지고 있다.

이러한 흐름 속에서 〈JB지역사랑프로젝트〉 교과목은 중부대학교가 우리 대학만의 체험형 교육과정으로 개발한 결과물이다. 이 교과목은 지역사회에 대한 이해를 바탕으로 지역사회의 문제를 발굴하여 실제적인 문제해결 활동을 하고 지역사회와 연계한 체험학습 및 봉사활동을 수행하는 특화 교양 교육과정이다. 이 교과목을 수강하는 학생들은 또 다른 지역 구성원의 자격으로 참여하여 함께 문제에 공감하고 해결방안을 배워가는 과정을 경험할 수 있다. 실제 지역에서는 지역사회와 함께 공동체의 가치를 만들어가기 위한 문제 발굴이 필요하며, 지역사회 내외의 다양한 이슈 및 현안 과제에 대한 전문성 확보가 강하게 요구된다. 따라서 〈JB지역사랑프로젝트〉는 지역사회에 대한 이해를 바탕으로 지역사회의 문제를 발굴하여 실질적인 문제해결, 봉사활동 등을 통해 지역사회와 소통·협력·기여하는 교과목으로, 지역사회 학습과 혁신의 연결통로 역할을 하기 위해 마련된 구심점이라 할 수 있다.

〈JB지역사랑프로젝트〉는 중부대학교 신입생이 올바른 지역 시민으로서 자신의 정체성을 형성하고 세계시민으로서의 사회적, 문화적, 경제적, 산업적 환경과 관계망을 이해할 수 있도록 돕기 위한 핵심교양 교과목이다. 대학 신입생들이 지역사회에 관심과 애정을 가지는 것에서부터 시작하여 그것이 세계적 관심사인 지속가능한 성장으로 연결될 수 있도록 '지역사회와의 관계 발전과 공생'에 집중하고 있다. 이에 학생－학교－지역사회가 더불어 성장·발전할 수 있는 교육체계를 마련하기 위해 다양한 사례, 혁신기법, 문제해결 방법 등이 포함되었다. 대학 1학년 신입생들이 반드시 수강해야 하는 핵심 시그니처 교양수업으로 〈JB지역사랑프로젝트〉는 대학이 위치한 지역의 상황과 이슈를 이해하고 지역의 당면 문제와 예상되는 미래 문제를 발굴하여 구체적인 해결 방법을 만드는 팀 프로젝트 활동에 초점을 두고 있다. 앞서 논의한 프로젝트의 배경은 〈그림 1-1〉과 같이 설명할 수 있다.

〈JB지역사랑프로젝트〉는 과목의 특성상 '사람과 사람 간의 인격적인 관계'에서부터 '조직(팀)의 효율성을 높이기 위한 인간관계', 그리고 더 나아가 '지역사회의 특수성에 기반을 둔 문제해결 방법'에 대한 내용을 다루기 때문에 수동적인 지식의 이해가 아닌 개인적인 경험과 상호작용을 통해 사회현상과 환경을 능동적으로 해석하고 문제해결에 대한 자기주도적인 접근이 절실하게 요구된다.

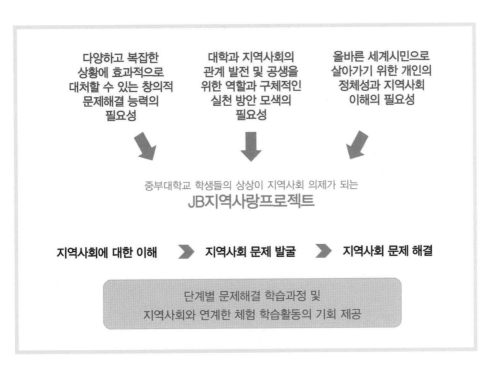

〈그림 1-1〉 프로젝트의 배경

학생들이 지역사회의 다양한 문제를 인식하고 고민할 수 있는 여러 이슈 및 현안 과제에 대한 문제 기반 접근의 연습을 할 수 있도록, 본 교과목은 지역사회의 다양한 도전적인 과제를 제공하여 학생들이 현장 활동에 자발적·능동적으로 참여하는 기회를 마련했다. 실제 지역사회에서 직면할 수 있는 또는 비교적 복잡성을 띠는 실제적인 문제를 다루게 하여 팀 협동학습을 통해 문제를 깊이 있게 다루도록 고려했다.

우리는 어느 누구를 막론하고 지역사회(공동체)의 일원이며, 우리가 살고 있는 공간적·물리적 지역사회에서 자신의 행복과 삶의 질을 찾고 있다. 그러나 극단적 개인주의에 치닫고 있는 현 사회에서 지역사회의 공동체 의식은 점점 약해지고 있으며, 소외계층의 지역사회 참여가 활성화되지 못해 상호 공존을 위한 시도가 충분치 않은 상황이다. 이에 〈JB지역사랑프로젝트〉는 ▲우리가 살고 있는 지역공동체의 다양한 환경적 요소를 파악하는 방법, ▲지역공동체 활성화(복원, 재생, 재창조 등)를 위한 방향, ▲자신과 지역공동체 간 상호 공존하고 호혜적 관계를 형성하기 위한 방법을 학습하고 이해할 수 있는 기회를 제공한다.

일부 지역사회는 도시화, 산업화 등으로 물질적 풍요를 이루기도 했지만, 지역 간 불균형 차이는 더 심화하고 있다. 또한 현실에 대한 개인의 불만족과 미래에 대한 불안감으로 인해 타인과 공동체에 대한 관심은 자꾸 줄어들고 있다. 이와 같은 사회적 문제를 해결하기 위해 지역공동체의 발전에 필요한 긍정적 요소와 역할이 무엇인지를 고민하는 과정이 중요하다. 따라서 〈JB지역사랑프로젝트〉 교과목은 학생들이 우리 지역의 상황과 이슈를 이해하고 지역의 당면 문제와 예상되는 미래 문제를 발굴하여 구체적인 해결 방법을 찾도록 돕는다. 또한 다양한 팀 프로젝트를 수행함으로써 지역에 대한 관심과 문제해결적 봉사 정신을 동시에 배양하도록 하는 것에 그 목적이 있다.

❍ 프로젝트의 활동 방법

〈JB지역사랑프로젝트〉는 수동적인 지식의 이해가 아닌 개인적인 경험과 상호작용을 통해 사회현상과 환경을 능동적으로 해석하고 문제해결에 대한 자기주도적인 접근이 절실하게 요구되는 교과목이다. 먼저, 지역사회 이해 과정을 통해 지역사회 문제 접근 방법과 지역사회에 나타나는 특징, 문제점 등에 대한 학습이 이루어진다. 그리고 지역사회 문제 발굴 과정을 통해 지역사회 문제 탐색, 주제 선정, 계획서 작성 등의 팀 프로젝트 활동이 이루어진다. 이후 지역사회 문제해결 과정을 통해 지역사회 문제해결을 위한 창의적 방안을 마련하고 이를 실천하기 위한 활동을 수행하게 된다. 학생들은 이러한 과정에 통해 종합적으로 성찰하고 프로젝트 활동 결과를 최종 발표한 후 피드백을 받으며 과정을 마무리하게 된다.

〈JB지역사랑프로젝트〉를 수강하는 학생들은 구성된 팀을 기반으로 반드시 현장 활동의 '주제'를 선정해야 한다. 한 학기 동안 이루어질 활동의 방향성이 결정되는 만큼 주제를 선정하는 과정은 매우 중요하다.

지역사회 현장 활동의 주제를 선정하는 방식은 크게 3가지로 나눌 수 있다. 첫째, 담당교수가 제시하는 몇 가지의 문제 발굴 테마 가운데 팀 단위에서 관심 있는 주제를 선정하는 것이다. 아직 문제 발굴에 익숙하지 않은 학생들은 제시된 일정 범위의 주제 가운데 선택하여 구체화할 수 있다. 둘째, 학생들이 자유롭게 지역의 문제를 선정하는 것이다. 학교 및 일상생활, 관심 분야, 전공 등과 관련된 문제를 제시할 수 있으며, 평소 눈여겨보던 문제, 불편함을 경험했던 문제, 인터넷 검색을 통해 새로 알게 된 문제 등 다양한 방법으로 문제를 발굴할 수 있다. 셋째, 지역사회에서 의뢰한 문제를 선정하는 것이다. 지역사회에는 다양한 기업, 기관, 시민단체가 있는데, 대학을 통해 다양한 문제와 지역 이슈가 공유되고 전달될 수 있다. 이러한 지역사회 네트워크를 통해 사전 확보된 문제를 선정함으로써, 실제 지역사회에서 해결되지 않은 문제를 학생들이 생생하게 경험하고 접근할 수 있다.

2학점 3시수로 운영되는 〈JB지역사랑프로젝트〉 교과목은 이론수업 15시간, 학생프로젝트 활동 15시간, 교내외 사회봉사(지역사회 현장 활동) 15시간으로 총 45시간으로 구성되어 있다. 반드시 교내외 15시간 이상 사회봉사(지역사회 현장 활동)에 참여해야 이수가 가능하다. 이론수업의 경우 지역사회에 대한 다양한 측면과 문제해결 방법을 이해하기 위한 이론 중심의 강의를 말한다. 학생프로젝트 활동의 경우 팀 구성, 팀 활동, 지역탐방, 팀 과제 수행, 팀 발표 등이 포함된 단체 활동이다. 교내외 사회봉사(지역사회 현장 활동)의 경우 교내봉사,

캠페인, 교외봉사, 아이디어 제안·실행 등을 통해서 지역사회에 실질적으로 기여하는 활동이다. 이처럼 〈JB지역사랑프로젝트〉는 지역사회의 삶 속으로 들어가 다양한 현상을 관찰·조사하여 문제를 발견하고, 대안적 방안을 적극적으로 모색하는 교과목이라 할 수 있다.

본 교과목을 수강하는 학생들은 다양한 형태로 지역사회를 이해하고 문제해결 과정에 참여할 수 있다. 지역사회 현장 활동은 크게 4가지로 구분할 수 있는데, ▲사회봉사 참여형, ▲정책 아이디어 제안형, ▲기관·기업연계 체험형, ▲복합·자율형이다. 수행 방법이나 활동의 범위에서 차이가 날 수 있으나, 모두 지역사회를 이해하고 문제해결 과정에 참여할 수 있는 수단이다.

첫째, 사회봉사 참여형은 지역에 도움이 필요한 이웃과 단체에 시간과 재능을 제공하여 지역사회의 문제해결 및 공익에 실질적으로 기여하는 활동이다. 지역의 이웃과 지역사회 내에 산재한 문제를 해결하여 지역공동체 삶의 질을 향상시킬 수 있는 활동으로 자발적 참여에 기반을 두고 있다. 개인이 원하는 활동을 기획하고 활동을 수행할 수 있지만, 지역 내 관련 기관이나 단체의 도움을 받아 지원·도움이 필요한 곳에 직·간접적으로 방문하여 봉사활동을 수행할 수도 있다.

둘째, 정책 아이디어 제안형은 학생들이 스스로 지역사회 문제를 발굴하고 직접 문제해결 과정을 구체화하여 지방자치단체나 관련 플랫폼에 전달하는 활동이다. 기존의 제도 및 정책의 한계나 사회적 관심이 크게 필요한 사각지대의 문제를 극복하기 위해 자유롭게 아이디어를 제안하고, 그동안 고려되지 않은 창의적인 의견을 제안하는 활동이다. 상황과 여건에 따라 구체적인 아이디어의 제안과 함께 관련 기관과 단체의 협조를 얻어 직접적인 실행으로 연결할 수도 있다.

셋째, 기관·기업연계 체험형은 지역사회 내 다양한 기관, 기업 등의 의뢰나 연계 네트워크를 활용하여 해당 분야·영역의 문제를 함께 고민하고 해결방안을 만들어가는 활동이다. 지역사회 활성화와 공동의 비전 달성을 위해서는 지역의 다양한 주체들이 제 기능을 원활히 수행해야 하는데, 각 기관, 기업 등의 조직 문제해결 과정이나 사업 활동에 참여하여 사회적 상호작용이 효과적으로 이루어질 수 있도록 기여할 수 있다.

넷째, 복합·자율형은 앞서 제시한 활동들을 필요에 따라 복합적으로 함께 수행하거나, 제시되지 않았으나 지역사회 문제해결을 위해 디지털 기술활용, 개인의 행동 변화, 소속된 집단의 역할 수행 등을 통해 기여할 수 있는 활동이다. 개별·집단별 다양한 활동을 필요에 따라 구분짓거나 상호 연계함으로써 시너지 효과를 낼 수 있다. 또한, 자율적으로 참여하는 방법이므로 공식적인 기준과 절차를 따르는 기존의 틀에서 크게 벗어난 새로운 활동이 될 수도 있다.

〈JB지역사랑프로젝트〉 교과목에서는…

이렇게 하지 말아요	이렇게 해요
아이디어 평가하지 않기	**과감한 아이디어** 장려하기
"너의 아이디어 이상해."	**문제와 질문에 집중하기**
"말 안 해도 그거 잘 알아."	**한 사람씩** 이야기하기
"내가 해봤는데 효과가 없어."	**다른 아이디어에** 덧붙이기

※ 지역사회 현장활동 시, 초상권 등 문제가 발생하지 않도록
사진촬영(증빙을 위한 활동사진 등)에 특별히 주의!

〈그림 1-2〉 JB지역사랑프로젝트 참여하기

여기서 논의된 4가지의 활동에는 학생 자신과 지역공동체 간 상호 공존하고 호혜적 관계를 형성하기 위한 체험학습 과정과 성찰의 시간이 포함된다. 따라서 단순하게 해결이 가능한 문제가 아니라 비교적 복잡성을 띠는 실제적인 문제를 다루어 팀 협동학습을 통해 공감과 소통의 심층적 과정으로 연결될 수 있어야 한다. 그렇기에 학습자 간 쌍방향적 소통에 적극적으로 참여해야 하며, 지역문제에 공감하여 자발적으로 참여하려는 태도가 중요하다. 〈그림 1-2〉는 본 교과목에서 적극적인 참여를 위해 주의 깊게 고민해야 할 사항들을 나타낸 것이다.

● 프로젝트의 성취 역량

'역량은 공동체 구성원(학습자)이 자신의 역할을 성공적으로 수행할 수 있도록 갖추어질 필요가 있는 지식, 기능, 태도의 총체로, 기본적으로 요구되는 능력을 의미한다(박민정, 2008; 이광우, 2015). 따라서 교과목에서 정한 성취 역량은 단순히 이론적 지식뿐 아니라 변화하는 사회에 대응하며 잘 살아갈 수 있도록 실제로 필요한 능력으로(김희주·원효헌, 2019), 교과목을 통해 무엇을 배우고 어떻게 성장하도록 할 것인지를 대표한다. 이러한 역량에 기반을 둔 교육과정은 과거의 전통적인 지식 중심의 교육과정과는 다르다. 역량기반의 교육과정은 실제적인 현상에 대한 이해와 문제해결 과정에서 개인이 가진 자원을 적용·활용할 수 있는 능력의 개발을 강조한다(박원진 외, 2019). 사회가 요구하는 역량을 함양하기 위한 대학교육은 학생의 개인적 차원을 뛰어넘어 타인과의 상호작용·협력을 통해 실행력을 길러주기 위한 수행 중심 차원에서 모색되어야 한다.

〈JB지역사랑프로젝트〉도 역량기반 교육과정으로 운영하기 위해 실제 학생들이 교과목을 통해 습득할 수 있는 역량을 규명하고, 역량을 진단·평가할 수 있는 도구를 개발하며, 역량습득을 위한 학습 콘텐츠 및 교수 방법을 설계하였다. 특히, 교육과정에서의 역량은 교과목의 기반이 되는 학문적 지식을 학습하고 실제적 상황에서 활용할 수 있도록 길러지는 능력으로 교과목 고유의 특수성이 반영된다(박원진 외, 2019). 따라서 〈JB지역사랑프로젝트〉 교과목은 지역사회와 함께 공동체의 가치를 만들어가기 위한 과정적 특성을 반영하여 지역사회에 실질적으로 기여할 수 있는 고유의 역량 모델이 체계적으로 갖추어져 있다. 〈그림 1-3〉은 〈JB지역사랑프로젝트〉 수업을 통한 성취 역량을 나타낸 것이다.

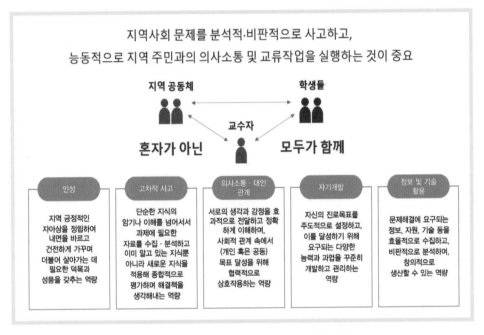

〈그림 1-3〉 JB지역사랑프로젝트의 성취 역량

〈JB지역사랑프로젝트〉는 ▲지역사회에 대한 이해, ▲지역사회 문제 발굴, ▲지역사회 문제해결이라는 단계별 문제해결 학습 과정과 실제 지역사회와 연계한 체험 학습활동의 기회를 학생들에게 제공하여 JB-hexa 핵심역량인 인성, 고차적 사고, 의사소통 및 대인관계, 자기개발, 정보 및 기술 활용 역량을 강화하고자 한다.

각 역량별로 하위요소가 존재하는데, 인성(책임감), 고차적 사고(창의적 사고), 의사소통 및 대인관계(자기표현), 자기개발(주도적 성취 지향) 역량은 1개의 하위요소를, 정보 및 기술 활용 역량(체계적 자료 접근, 정보 분석 처리, 창의적 생산 및 공유)은 3개의 하위요소를 지니고 있다.

각 역량의 하위요소별 행동지표와 내용은 다음과 같다. 인성 역량의 하위요소인 책임감은 자신의 역할 수행과 성과 달성을 위해 최선을 다하며, 소속된 곳에서 이루어지는 일 전반에 대해 책임의식을 가지고 적극 기여하는 능력이다. 따라서 학생들은 팀 활동에서 자신이 맡은 역할을 정확히 수행하고 지역사회 현장 활동에 필요한 관련 서식을 모두 빠짐없이 작성하여 제출해야 한다. 또한, 강의 주차별로 수행해야 할 과제, 활동 등 가이드라인을 명확하게 숙지하여 수업과 팀별 활동을 끝까지 잘 마무리해야 한다. 그리고 지역사회의 기관, 기업, 주민 등과의 원만한 관계가 유지될 수 있도록 주어진 활동을 성실히 수행하고 이해관계자와 충분히 협력하는 모습이 필요하다.

고차적 사고 역량의 하위요소인 창의적 사고는 서로 관련이 없어 보이는 개념 속에서 새롭고 독창적인 연계성을 파악하여 유용한 가치가 있는 아이디어를 창출해내는 능력이다. 따라서 학생들은 지역사회에 기여하기 위한 활동계획을 수립할 때 기존의 방식을 벗어난 독창적인 활동을 구상·추진해야 한다. 또한, 수행한 현장 활동을 기반으로 향후 성공적인 현장 활동을 위한 아이디어를 제언할 수 있어야 한다. 그리고 팀 내에서 도출된 아이디어와 의견을 종합·연계하여 새로운 활동 전략과 방법을 도출하는 모습이 요구된다.

의사소통 및 대인관계 역량의 하위요소인 자기표현은 자신의 생각과 감정을 구조화하여 언어 또는 비언어로 명확하게 표현하고 효과적으로 전달하는 능력이다. 따라서 학생들은 팀 활동에서 소통, 공유 등에서 문제가 발생했을 때 회피하지 않고 적극적으로 해결과정에 의견을 표출할 수 있어야 한다. 또한, 지역사회 내 연계된 기관단체 등의 담당자 또는 대상자와 팀 활동의 계획, 과정, 결과 등에 대해서 충분히 소통해야 한다. 그리고 팀 활동을 통해 추진한 현장 활동을 기반으로 개인의 동기, 인식 변화, 성장 등에 대해서 효과적으로 설명할 수 있는 모습을 보여주어야 한다.

자기개발 역량의 하위요소인 주도적 성취지향은 더 나은 자신으로 성장해 가는 과정을 의미 있게 생각하고, 주도적으로 도전적인 목표를 설정하며 이를 달성하기 위한 구체적인 행동을 계획하고 꾸준히 실천하는 능력이다. 따라서 학생들은 지역사회 현장 활동의 목적과 필요성에 대해서 이해하고, 자신들만의 구체적인 활동방법과 추진계획을 세워야 한다. 또한, 팀 활동 시 예상되는 문제점과 대응방안을 고민하고, 주어진 지역사회 현장 활동을 끝까지 완수해야 한다. 그리고 계획(목표) 대비 달성한 수행결과를 점검하고, 현장 활동에서의 목표 성취과정을 구체적으로 설명할 수 있어야 한다.

정보 및 기술활용 역량의 첫 번째 하위요소인 체계적 자료접근은 과제나 문제에 접했을 때 올바른 의사결정이나 문제해결을 위해 필요한 정보나 기술을 찾아내고 효율적으로 접근하여 실제 도움이 되도록 체계화할 수 있는 능력이다. 따라서 학생들은 지역사회 문제와 관련된 다양한 자료를 탐색하고 적합한 정보와 기술을 찾는 모습을 보여줄 수 있어야 한다. 또한, 문제해결에 필요한 적합한 정보와 기술을 체계적으로 정리할 수 있어야 한다. 그리고 적합한 정보와 기술을 효과적으로 분석하여 지역사회 문제해결을 위한 근거를 확보해야 한다.

정보 및 기술활용 역량의 두 번째 하위요소인 정보 분석 처리는 수집한 정보나 기술을 해석하고 가치와 타당성을 평가하며, 이를 다각적으로 분석해 주어진 목적에 맞게 처리할 수 있는 능력이다. 따라서 학생들은 수집한 정보와 기술의 목표 관련성을 비판적으로 평가할 수 있어야 한다. 또한, 수집한 사례와 정보를 비판적으로 살펴보고 근거를 찾아 자신의 의견을 제시할 필요가 있다. 그리고 체계적으로 문제 현황을 분석하고 목적에 맞게 조직화하는 모습을 보여야 한다.

정보 및 기술활용 역량의 세 번째 하위요소인 창의적 생산 및 공유는 다양한 형태의 정보나 기술을 새로운 방식으로 조합하거나 자신만의 독창적인 정보나 기술로 생산할 수 있으며, 이를 공유하고 유통시킬 수 있는 능력이다. 따라서 학생들은 지역사회 문제해결을 위하여 다양한 자료를 효과적으로 활용하여 프로젝트를 기획할 수 있어야 한다. 또한, 수행한 지역사회 현장 활동을 종합하여 새로운 형태로 아이디어를 제시할 수 있어야 한다. 그리고 교과목 취지에 맞는 독창적인 팀 프로젝트 실천 방안을 제안하는 모습이 요구된다.

앞서 제시한 역량 및 하위요소별 행동지표와 내용은 복합적 문제가 산적한 현대사회에서 학생들이 지역사회를 자기 삶의 터전으로 여기고 지역사회 안에서 지역 주민들과 원활히 소통할 수 있는 발판이 되어 줄 것으로 기대된다. 특히, 지역사회 발전이라는 비전을 지니고 지역사회의 문제를 스스로 찾아 해결하는 시민으로 성장하는 데 큰 도움이 될 것이다. 학생들은 다양한 문제 기반의 정보, 지식 등을 활용해 지역사회에 충실히 봉사하고 자기성찰과 교수자의 피드백을 통해 학습이 이루어져 지역사회와 학습자 모두에게 이익이 되며 궁극적으로 우리 사회의 지속가능한 발전에 기여할 수 있다.

WORKBOOK 01

본 장에서는 〈JB지역사랑프로젝트〉에 대한 기본적인 이해를 돕기 위해 대학-지역사회 연계 프로젝트의 중요성을 인지하고, 활동 방법과 성취 역량에 대해 보고자 한다.

팀 프로젝트의 시작

1 인사 나누기

① 전공과 이름

② 이번 학기 꼭 하고 싶은 것

③ 이 수업에 거는 기대와 목표

2 나는 누구인가?

- 이름 3행시, 나를 대표하는 키워드 등 나를 표현해보세요.

3 팀 구성하기

– 6~7명을 기준으로 한 팀을 구성합니다.

① 이름 / 연락처 / 잘하는 것 / 봉사활동 경험 / 기타

②

③

④

⑤

⑥

⑦

4 팀장 뽑기

– 팀 리더 희망자 자원하기
– 팀 운영 포부 한 문장 발표 "팀장이 되어 이것만은~"

미디어포커스

"대학, 지역 기여 넘어 동행 위한 변혁에 앞장"

미니 인터뷰 – 최경애 중부대학교 학생성장교양학부 학부장

[고양신문] 이른바 '제4차 산업혁명'시대의 특징을 한마디로 정의한다면 '융·복합'시대라고 할 수 있다. 어느 한 분야의 지식이나 능력만으로는 복잡다단하게 얽혀있는 문제를 진단하거나 풀어갈 수 없다. 기술보다는 인성이, 자신만의 능력보다는 타인과 대화하고 소통하는 연대하는 능력이 더 중요해지는 이유다. 대학에서도 그러한 역량을 키우기 위한 교육과정이 강화되고 있다.

중부대가 학생성장교양학부를 설립한 이유도 학생들을 교과목·학문 간 연계·융합적 지식을 창출할 수 있는 인성, 창의력, 의사소통능력, 정보활용능력을 갖춘 인재로 키우기 위해서다. 17일 열린 JB지역사랑프로젝트 '지역협력교육 자문단 발족식'이 끝난 후 최경애 학부장을 직접 만났다.

다른 대학에도 JB지역사랑프로젝트와 같은 과정이 있는지.

제가 아는 범위 내에서 이야기 하면 다른 대학들은 학생들의 지역사회 봉사활동 정도만을 시행하는 것으로 알고 있다. '지역사회 기여'라는 교육부의 대학평가 항목 지표를 맞추려고 형식에 그치는 경우가 대부분이다.

중부대가 그동안 전문가에게 심도 있는 컨설팅까지 받으며 2년 이상 준비를 거쳐 이렇게 전향적이고 실제적인 지역사회 연계 교육과정을 운영하게 된 것은 교육부의 권고보다 훨씬 더 앞서 나간 변혁적 부분이라 자부한다.

지난해 시범운영에 참여한 학생들의 만족도는 어떠한가.

코로나19라는 특수상황으로 인해 원래 계획을 계속 수정했어야 함에도 불구하고 수업에 참여한 학생들의 만족도는 굉장히 높게 나타났다.

프로젝트를 진행하면서 내가 살고 있는 공동체에 대해 관심을 갖게 되고, 친구들과 함께 아이디어를 짜내고 계획을 수립하고 실행하면서 내 곁에 있는 사람이 믿을 만한 사람이라는 동료의식도 생기고, 이런 기회를 제공해준 학교에 대한 소속감도 강해졌다고 하더라.

프로젝트를 주체적으로 기획하고 실행하며 결과물로 만들어내는 자신을 보면서 '나도 할 수 있다'는 자존감이 높아졌다는 학생들의 이야기가 가장 가슴에 와 닿았다.

지역협력 교육자문단까지 구성한 이유는.

대학이 '상아탑'으로만 존재하는 시대가 지나버린 지 한참 됐다. 대학의 인적·물적 인프라를 활용해 지역사회에 기여해야 한다고 본다. 그 과정에서 지역사회의 공공기관이나 민간기업, 시민사회단체 등과 연대하고 더 적극적으로 협력하기 위해서 명망 높은 분들을 모셨다. 1년에 2000명의 학생들이 지역사회 현장으로 나가서 실제 활동을 해야 한다.

오늘 우리 교육과정의 취지에 대해 설명 듣고 또 여러 가지 아이디어를 제안해주시는 모습을 보면서 프로젝트 성공을 위한 첫걸음을 잘 뗀 것 같다는 느낌이다. 훌륭한 자문위원들과 함께 네트워킹하다 보면 대학과 지역이 다양한 방면에서 상생하는 계기를 만들어 낼 수 있을 것이라 믿는다.

교양학부 학부장으로서 각오가 있다면.

하루가 다르게 발달하는 첨단기술과 급격한 사회변화가 이어지고 있기 때문에 교육도 달라져야 한다고 생각한다. 한정된 자신의 전공이나 특정 지식에만 의존해서는 변화를 이끌기는커녕 따라갈 수조차 없다. 변화에 유연하게 대응할 수 있는 일반 핵심역량강화를 위한 교양교육이 더 중요해지고 있는 이유다.

JB지역사랑프로젝트를 포함한 중부대 교양학부의 교육과정을 질적으로 성장시켜 한국 교양교육의 변혁을 일으키는 데 조금이나마 기여할 수 있으면 좋겠다. 미래를 위한 기름진 토양을 만들고 하나하나 정성껏 작은 씨를 뿌리는 심정으로 매일 임할 작정이다. 말 그대로 '학생'이 미래 사회의 인재로 '성장'하는 교양학부의 초석을 쌓고 싶다.

출처 : 고양신문(2021.02.20.)

지역사회에 대한 탐구

본 장에서는 지역사회에 대한 기본적인 마인드
형성을 위해 지역사회를 이해하고, 지역사회
문제를 탐색하는 방법에 대해 알아본다.

CHAPTER

02

생각해보기

과거 여행지를 이야기할 때면, 우리는 유년 시절 친구들과 경험했던 추억의 순간, 가족들과 행복한 시간을 보냈던 기억 등을 떠올리게 된다. 하지만, 같은 지역이라 하더라도 누군가에겐 기쁨이, 누군가에겐 안타까움이, 누군가에겐 슬픔이 느껴질 수도 있다. 그 지역에서 어떤 경험을 했는지 또는 어떤 영향을 받았는지에 따라서 감정은 달라질 수 있다. 누군가에겐 그냥 지나쳐가는 하나의 도시가 누군가에겐 그리움으로 가득한 도시일 수 있다. 우리 학생들에게 특별한 기억으로 남아 있는 지역은 어디일까?

02
CHAPTER

지역사회에 대한 탐구

◉ 지역사회 이해

'지역'이라는 용어는 하나의 통일된 정의를 내리기 어려우며, 학문 분야나 관심 영역에 따라 다른 의미로 활용된다(이원종 외, 2015). 따라서 지역은 고정불변의 절대적인 것이 아니라 계속해서 변화하는 속성을 지니고 있다. 즉, 어떤 기준으로 지역의 의미를 살펴보는지에 따라 지역의 구분, 설정, 특성은 다양하게 나타난다. 일반적으로 우리가 지역의 공동체적 문제를 함께 다루기 위한 참여적 측면에서 볼 때, 지역은 지리적으로 다른 지역과 구분되면서 내부적으로 고유한 특성을 갖는 공간적 영역이라 할 수 있다. 그런 의미에서 지역은 생활 경험의 터전이자 지식습득의 장소이며, 지적 능력과 가치 및 태도 형성에 지대한 영향을 미친다.

지역만의 고유한 특성을 '지역성'이라 부르는데, 지역사회가 가진 고유의 사회적·문화적·역사적 환경이자 나름의 정체성이다. 서로 다른 각각의 지역사회는 인문(도시, 인구, 문화 등)·자연(지형, 기후, 식생 등) 환경의 상호작용으로 인해 독특한 성격·특성이 있다는 의미다. 이러한 지역성에 토대를 둔 공동체(community)가 '지역사회'다. 지역공동체 또는 지역사회는 일정한 공간과 사람들로 이루진 집단으로, 같은 지역 환경을 공유하는 구성원들 간 상호작용에 의해 해당 집단을 유지·발전시킨다(김구, 2016). 차진영·하현상(2021)은 지역사회(공동체)를 "사회적 상호작용을 통해 공통의 유대감과 소속감, 목표를 공유하며 지역사회의 문제를 해결하기 위해 협력하는 관계의 집합"으로 정의했다. 이왕건(2005)은 지역사회(공동체)를 "주민들이 일상생활을 공유하는 공동체이자 마을,

촌락, 동네 등과 같은 다양한 공간적 범위와 영역"으로 정의했다. Koning(1968)은 "사회, 경제, 문화가 서로 결합한 한 사회에서 공동의 기준이 되는 가치를 함께 공유하면서 사람들이 모여 사는 공간"으로 지역사회(공동체)를 표현했다. Morris & Hess(1975)는 지역사회(공동체)를 "지역의 주민들이 상호 소속감을 느끼면서 생활양식을 공유하는 터전"으로 표현했다.

지역사회에는 일반적으로 어느 정도 구분된 지리적 경계가 있고, 그 지역에 정착해 사는 인구가 있으며, 이들 개인은 해당 지역 구성원들과 상호 의존하는 관계 속에서 소통하며 삶을 유지한다(박상옥, 2015). 보통 지역사회는 거주하는 주민 중심의 지역공동체로 이해되는 경향이 있으나 실제 지역사회에서 이루어지는 상호작용에는 지역 내·외의 다양한 구성원들이 참여하고 있어 지역사회의 개념은 더 넓은 범위에서 이해하고 고려할 필요가 있다(차진영·하현상, 2021). 특히, 인구감소(저출산·고령화), 지역 생산력 저하, 지역경제 쇠퇴, 정보통신기술 및 교통 발달, 미디어 환경 변화 등으로 지역성의 지리적·공간적 지위가 위협을 받게 되면서 지역성의 개념을 새조명할 필요성도 증대되었다(신명환·이민규, 2020).

최근 교통과 통신이 발전하면서 지역사회의 범위도 크게 변화하였다. 과거에는 지리적 위치와 범위가 강조되는 개념으로 주로 접근하였으나, 현대에는 물리적 공간을 크게 벗어나 사이버·가상 공간으로 확대되고 있다. 반드시 물리적으로 가까운 거리가 아니더라도, 많은 사람이 공동체 공간에 함께 살고 있음을 인지하기도 한다. 오히려 가까운 곳에 있는 사람보다 더 멀리 거주하고 있는 사람을 더 친근한 이웃으로 느끼기도 한다. 이제 지역사회는 지리적 위치를 초월하여 서로를 알고 공통의 문화, 관심사, 목표 등을 공유하는 사람들의 집단으로 이해되고 있다. 기술의 발전과 그것이 사회에 미치는 영향으로 인해 지역사회의 개념적 의미가 변하고 전통적으로 강조된 지리적 의미의 지역사회는 점차 그 의미를 상실하고 있다. 공공의 문제, 공동의 관심, 이해·협력관계 등 관계적 의미가 담긴 지역사회의 기능적 개념이 더욱 확산하고 있다. 지역사회를 구성하는 배경, 의도, 활동, 문화, 자본도 이러한 특성에 따라 함께 변화하였다. 〈그림 2-1〉은 과거 전통적 지역사회의 요소와 현대적 지역사회의 구성요소 간 차이를 나타낸 것이다.

전통적 지역사회(공동체)	공통적 요소	현대적 지역사회(공동체)
일정한 지역 · 경계 · 공간	공동의 목표와 관심	지리적 경계 불분명
자발성 · 자연적	일정한 사람(구성원)	의도성
실명	개인적 친밀감	익명
근접성	사회적 응집력	온라인 · 오프라인 병행
높은 유대감 · 결속력	정신적 관여 · 감정적 깊이	교류자본
지속성	사회적 상호작용	목표달성 후 해체 가능성
	공동의식	
	소속감	
	욕구의 조화 · 충족	

자료 : 김구(2016)

〈그림 2-1〉 지역사회의 구성요소

지역사회는 지역 공동의 문제해결을 위해 소통 · 상호작용하는 참여자들을 모두 포함하기 때문에 지역사회를 공유하는 대학과 구성원들도 이 지역사회의 구성원이 될 수 있다(차진영 · 하현상, 2021). 오늘날의 지역사회에서 대학은 어쩌면 지역에 매우 큰 영향을 미치는 주체라고 할 수 있다. 대학은 새로운 지식이 생산되고, 연구 · 교육 서비스가 창출되는 곳이므로 지역의 경제 활성화와 공동체 가치 창출에 큰 영향을 미친다. 대학처럼 지역사회에 기반을 둔 교육공동체는 지역 구성원들이 학습과 혁신에 대한 가치를 공유할 수 있고 자발적 참여가 확대되는 장점을 지닌다(이현철 외, 2020). 학생, 교수, 교직원에 이르는 인적자원들은 지역 활성화에 기여할 수 있는 다양한 활동에 참여하며 싱크탱크 역할을 한다. 대학과 지역사회는 공동체 프로젝트를 통해 상호 협력과 상생발전을 끌어내기 위한 기회를 만들어가고 있다(차진영 · 하현상, 2021).

지역사회를 위해 많은 구성원이 적극적이고 자발적인 참여를 보이기까지 교육적 측면의 기반이 상당히 중요하다는 점에 상당수의 학자가 동의하고 있다(정다정, 2021; 전희정 · 이순덕, 2021; 배진형 외, 2021). 학업을 위한 교육과정뿐아니라, 연구, 산학협력, 사회봉사에 이르기까지 대학의 많은 자원이 지역사회에 광범위한 범위에서 도움을 줄 수 있다. 대학에서 지역사회를 이해하기 위해 지역에 기반을 둔 교육과정과 체험학습을 학생들에게 제공하고 함께 지역의 문제를 해결하기 위해 다양한 활동에 참여하는 일련의 과정들이 모두 사회를 변화시키는 대학의 의무와 역할이다. 그래서 지역사회에서 대학은 지역사회를 이해하기 위해 빠질 수 없는 중요한 부분이며, 지역사회와 대학 간의 협력적 관계를 아는 것에서부터 지역사회와 대학의 상생발전을 모색하는 혁신적 시도가 될 수 있음을 기억해야 할 것이다.

⊙ 지역사회 참여와 자원봉사 활동

사회환경이 복잡해지면서 지역사회가 해결해야 할 문제에 정부뿐 아니라, 주민, 기업, 시민단체 등 상호 주체 간의 긴밀한 협조가 강하게 요구되고 있다(박희봉, 2006). 대학의 지역사회 참여와 마찬가지로, 전 세계적으로 주민, 시민단체, 기업 등의 지역사회 참여 프로젝트 사례가 다양한 형태로 목격되고 있다. 지역발전을 위한 정책적 목표가 단순히 경제적 성과에서 벗어나 지역의 다양한 사회적, 문화적, 환경적 문제를 함께 해결하는 데 관심을 가져야 한다는 주장이 커지고 있다(김상민 · 이소영, 2020). 한국의 경우 과거 산업화 시기에 국가 관료제가 중심이 되는 중앙집권적 경제발전이 주로 이루어짐에 따라 지역에 주거, 교육, 실업 등 다양한 사회문제와 지역 불균형 이슈가 발생하였다. 오늘날에는 지역발전을 위한 정책이 모든 주민에게 균등한 기회와 편리한 생활 인프라를 제공하여 행복 추구를 보장하도록 초점을 두면서 지역사회의 역할과 다양한 주체의 참여가 중시되고 있다. 실제로 지방자치단체에서도 지역문제를 해결하기 위해 다양한 정책사업을 추진하는데, 이 과정에서 지역사회 주요 주체들이 참여하는 민관협력적 거버넌스 구축을 강조하고 있다(김상민·이소영, 2020).

지역사회 참여란 유사한 요구와 목적에 따라 자기 자신의 삶에 영향을 미치는 다양한 의사결정 과정에 지역사회 사람들이 참여하는 것을 의미한다. 지역사회 참여는 공식 또는 비공식적인 기구나 주체들을 통해 주거, 복지, 건강 등 다양한 영역의 문제에 지역사회 사람들이 관심을 가지고 참여하는 일련의 과정이다(이윤주, 2018). 지역사회 참여는 주민들이 정책 의사결정 과정에 수동적 주체가 아닌 사회적 행위자로서의 역량을 동원하고, 결정을 내리고, 자신들의 삶에 영향을 미치는 것을 의미한다. 또한, 지역사회의 공동체가 지역의 문제를 함께 해결하고 다양한 의사결정 과정에 긍정적인 영향력을 끼치려면 기본적으로 적극적인 참여를 통해 함께 비전을 개발하고 정보를 공유하는 것이 중요하다.

1990년대 지방자치제도의 부활로 지역 차원의 시민 활동이 더욱 중요시되고 지역사회 시민참여가 활성화될 수 있었다(김혜정, 2012; 정원식, 2001). 특히, 시민참여는 지역에 건전한 시민사회를 형성하고, 지역사회의 다양한 주체들 간의 협력적 관계를 장려하는 효과가 있다(박희봉, 2006). 하지만, 모든 지역사회의 시민참여가 적극적인 참여와 성공적인 결과만을 가져다 주는 것은 아니다. 지역사회의 시민참여는 사회경제적 배경에 따라 차등적 참여의 양상이 나타나는데, 이러한 점에서 볼 때 시민의 역량과 태도의 수준을 높이기 위한 노력으로 참여제도, 정책에 대한 정보, 시민교육 등의 확대가 강조된다(김혜정, 2012).

이처럼 시민 고유의 의무이자 본질적 역할인 시민적 참여를 통해 오늘날 시민들은 과거보다 더 적극적으로 정부의 무능함과 사회적 무관심·무감각을 극복해야 하는 매우 중요한 사명감이 요구되고 있다(하상근, 2018). 시민참여 활성화는 우리에게 민주주의의 내용적 고양과 확산을 위한 중요한 과제이기도 하다(송경재, 2007). 그러나 적극적이고 주체적인 시민참여가 모든 국가와 모든 지역사회에서 저절로 이루어지는 것이 아니며 성숙한 시민정신, 그리고 각종 신뢰에 기초한 사회적 네트워크와 제도적 규범이 전제로 이루어져야 할 것이다 (하상근, 2018).

아울러, 2015년 9월 뉴욕에서 개최된 제70차 유엔총회에서 '지속가능발전목표(SDGs)'를 새롭게 채택하면서 정책 기조의 전환을 가져다주었다. 지속가능성과 사회적 포용성을 함께 고려하면서 다양한 영역에 대한 통합발전을 추구하고자 하는 방향성은 우리 지역사회의 발전에도 중요한 가치로 자리 잡게 되었다 (한상일, 2019). 지속가능발전목표(SDGs)는 '단 한 사람도 소외되지 않는 것 (Leave no one behind)'이라는 슬로건과 함께 제시되어, 인간, 지구, 번영, 평화, 파트너십이라는 5개 영역에서 인류가 나아가야 할 방향성에 관한 17개 목표 및 169개 세부 목표를 포함하고 있다. 〈그림 2-2〉는 UN 지속가능발전목표를 나타낸 것이다.

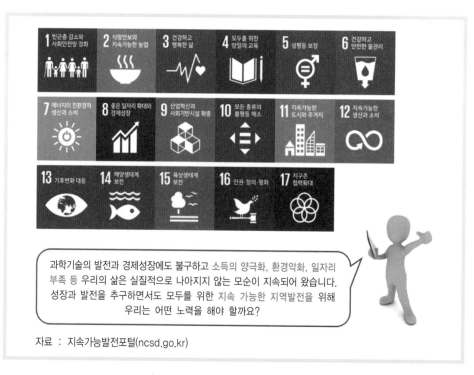

〈그림 2-2〉 UN 지속가능발전목표

　　지역사회에 만연한 다양한 문제는 단순히 일부 해당자의 문제가 아니라 우리 사회 전체가 함께 고민하고 해결해 나가야 할 과제다. 지역의 각종 사회문제나 복지 수요의 충족은 정부의 힘으로만 해결하기 어려운 경우가 많아서 공동체 의식에 바탕을 둔 지역 주민들의 지역사회 자원봉사 활동도 그 기대와 관심이 높아지고 있다(이창수·김성운, 2014). 지역사회 자원봉사 활동에 참여한 구성원의 자기효능감은 지역사회 참여의 중요한 예측요인이기도 하므로(Giles & Eyler, 1994), 지역사회 자원봉사 활동과 지역사회 참여는 서로 매우 밀접한 관계에 있다. 특히, 지역사회에 기반을 둔 자원봉사 활동은 지역사회의 복지 수요에 대응하는 것뿐 아니라 지역사회에 공동체적 가치와 연대 의식을 강화하는 중요한 요인이다.

　　지역사회 자원봉사 활동의 참여는 참여자 개인과 집단, 그리고 지역사회 전반에 걸쳐 깊은 의미를 부여한다. 특히, 복잡한 사회적 문제를 해결할 수 있는 핵심적 대안이 되기도 한다. 지역사회 자원봉사 활동은 현대사회 속에서 잃어버린 인간성을 회복하고 건강한 지역사회를 재건하여 진정한 민주 시민사회를 건설하기 위해 필요한 활동이다(이창수·김성운, 2014). 지역사회의 다양한 복지를 증진시켜주고 책임의식을 강화해주는 주요한 역할로 자원봉사 활동이 주목받고 있다. 최근에는 사회문화적 변화에 따라 자원봉사 활동의 참여 형태가 확대되면서 사회복지 영역 위주의 활동뿐만 아니라 지역사회 전체의 복지 수준 향상에 기여하는 시민 활동으로 인식되고 있다.

◐ 지역문제 탐색

　　지역에는 다양한 문제가 있다. 최근 지역적 고유의 수요 및 문제에 대응하고 이를 해결하기 위한 주체이자 플랫폼으로 지역사회의 역할이 강조되고 있다(성지은·조예진, 2014; 성지은 외, 2016). 이제는 과거 중앙정부 중심으로 접근되었던 문제해결 방식을 크게 벗어나 지역 주민이 직접 지역사회의 문제를 탐색·

발굴하고, 이것을 다시 정부, 공공기관, 전문가, 대학, 시민단체 등과 함께 문제를 해결해 나가는 활동이 활발해졌다. 지역의 다양한 인적·물적 자원을 활용하여 지역의 문제해결에 기존의 틀을 뛰어넘어 창의적인 접근을 시도하려는 움직임이 나타난 것이다. 그러나 이처럼 지역사회의 다양한 자원과 이들 간의 협력 관계는 지역문제 해결에 있어서 중요한 기반이 될 수는 있지만, 그 존재 자체만으로 모든 지역문제를 탐색하고 해결하는 것까지 보장하는 것은 아니다. 그만큼 지역의 문제를 어떻게 탐색·발굴·규명·해결할 것인지에 대한 다양한 고민과 토론이 필요하다.

특히, 지역사회에 새롭게 등장하는 사회문제의 경우, 다소 익숙하고 단순한 문제구조를 갖는 것이 아니라 여러 가지 요인이 복잡하게 얽힌 난제(wicked problem)로 쉽게 해결책을 마련하기 어려운 경향이 많다. 그뿐 아니라, 지역사회에 발생한 문제가 정확히 무엇인지 정의를 내리기 어려운 상황에 놓이기도 한다. 사회가 복잡다기해지면서 문제와 현상은 있지만, 무엇이 문제인지 또는 어떤 원인 때문인지 파악하기 어려운 문제가 늘어난 것이다. 또 다른 난제는 지역사회에 참여하는 다양한 이해관계 집단들이 충돌하면서 의사결정 과정이 좀처럼 쉽게 이루어지지 못하는 것이다. 오늘날의 지역문제는 소수의 정부 관료와 전문가들이 만든 일방적인 대응책으로는 탐색과 해결이 불가능해지면서, 시민사회가 함께 창조적 아이디어를 만들고 실행하며 확산시키는 사회혁신이 강조되고 있다(Mulgan, 2006; Massey & Johnston-Miller, 2016).

기존 중앙정부 위주의 공급자 중심 정책을 탈피하여, 다양한 사회문제가 발생하는 생활 현장에서 수요자 주도의 대학, 기업, 기관 등 파트너십을 통한 참여와 협력의 문제탐색·해결 필요성이 제기된다. 지역사회를 자기 삶의 터전으로 여기고 지역사회 안에서 지역 주민들과 소통하는 가운데, 지역사회 발전의 비전을 공유하고 지역사회의 문제를 스스로 찾아 해결할 시민 역량이 중요해졌다. 사회적 손실과 이해집단 간 갈등을 줄이고 기능적으로 민주주의를 정착시킨다는 측면에서 성숙한 시민 역량은 지역사회 문제해결에도 참으로 중요하다.

또한, 최근에는 디지털 기술이 주도하는 미디어 환경에 요구되는 민주적 시민 역량인, 디지털 시민성(Digital Citizenship)에 대한 관심도 크게 늘고 있다(안정임·최진호, 2020). 그만큼 지역사회 구성원들이 다양한 채널을 통해 지역사회 문제에 관심을 가지고 공동의 문제해결에 기여할 수 있도록 많은 연구와 지역의 학습 공동체 형성을 위해 노력해야 할 것이다.

지역에 기반을 둔 대학의 학생들도 지역사회 문제 발굴과 문제해결 과정에 참여할 수 있다. 최근 대학은 지식 서비스 제공 역할을 넘어서서 사회자본 및 인적자본을 형성하고 다양한 이해관계자 참여 및 협력적 거버넌스 구축에 적극적인 역할을 수행하고 있다(Gunasekara, 2006). 학생들은 스스로 지역사회의 주체가 되어 본인이 거주(또는 통학)하는 지역의 공공정책 결정에 참여할 수 있다. 이것은 학교와 일상생활과 밀접하게 연계된 것일 수 있고, 전공이나 관심 분야와 관련되어 정책 결정의 주체로 함께 소통하는 것을 포함한다. 대학생들의 새롭고 낯선 시선과 아이디어에서 기성세대의 틀을 깨는 참신한 문제해결 접근법이 나오기도 한다.

대학생의 시선에서 지역사회의 새로운 문제를 발굴하는 방법 가운데 하나가 일상을 낯설게 바라보는 것이다. 우리는 보통 새로운 문제를 찾기 위해 새로운 어딘가로 떠나거나 알지 못했던 새로운 정보를 찾으려 한다. 하지만 꼭 그럴 필요는 없다. 학생들에게 학교로 가는 길이나 도서관을 이용하는 방법은 매우 익숙한 것일 수 있다. 이렇게 익숙한 행동이나 방법을 마치 내가 처음 해보는 것처럼, 낯설게 바라보는 시도를 해보는 것이다. 일상적인 관찰이 아니라, 현상으로부터 한 발짝 떨어져 그 과정을 다른 방식으로 묘사해볼 수 있다. 그 과정에서 미처 인지하지 못했던 새로운 감정과 기분을 느낄 수도 있다. 〈그림 2-3〉처럼 익숙한 길을 익숙하지 않은 것과 같이, 낯설게 바라보는 태도가 필요하다.

〈그림 2-3〉 낯설게 보기

  지역사회의 다양한 문제를 해결하는 것만큼이나 실제로 어떤 문제가 발생한 것인지 명확하게 이해하고 정의하는 것이 중요하다. 구체적인 해결책을 아무리 풍부하게 마련하더라도 정확한 문제 파악에 실패했다면, 쓸모없는 방안으로 전락하거나 문제를 더욱 심화시킬 수 있기 때문이다. 앞에서 언급한 '낯설게 보기'와 같이, 보이지 않는 문제를 다양한 관점에서 새롭게 발견하는 연습이 필요하다. 종종 사회의 정책적 대안으로 마련해 놓은 아이디어가 또 다른 2차, 3차 문제를 일으키는 경우가 있다. 이는 문제의 본질을 제대로 이해하지 못했거나 정책 대상자인 수요자의 관점을 파악하지 못한 것일 수 있다. 문제를 정확히 이해하고 판단하기 위해서 우리가 경험하고 관찰한 현실에 대해서 ▲사실과 정보 파악하기, ▲느낌과 의미 파악하기 절차에 따라 정리해보는 것도 좋은 방법이다. 이러한 방법은 문제를 파악하기 전에 성급하게 해결방안을 먼저 제시하려는 시도를 막을 수 있고, 문제가 발생한 상황, 원인, 결과 등에 대해서 하나씩 체계적으로 정리할 수 있도록 도움을 준다.

▲ 사실과 정보 파악하기

- 본 것이나 관찰한 것은 무엇입니까?

- 기억하는 장면은 무엇입니까?

- 관심을 끈 상황이나 현상은 무엇이었습니까?

- 사람들은 무슨 행동을 했습니까?

▲ 느낌과 의미 파악하기

- 가장 먼저 든 느낌과 나중에 들었던 느낌은 무엇입니까?

- 당신이 염려하는 것은 무엇입니까?

- 왜 그 느낌과 감정이 당신에게 중요한가요?

- 이것이 우리에게 주는 함의는 무엇인가요?

WORKBOOK 02

본 장에서 지역사회에 대한 기본적인 마인드 형성을 위해 지역사회를 이해하고, 지역사회 문제를 탐색하는 방법에 대해 알아보고자 한다.

팀원과 아이스브레이킹

1 지역 단어 떠올리기

'지역' 하면 떠오르는 단어(명사, 동사, 형용사, 부사 등)를 써보세요.

2 지역 스토리텔링

– 이 단어를 순서대로 이용해 이야기를 지어보세요. (5개의 문장으로)

3 팀 빌딩 시작 – 우리 팀 이름 만들기

이름 :

이유 :

4 우리 팀 룰 3가지 만들기

(예) 온라인 혹은 오프라인 회의 시 절대 지각하지 않는다.
  팀 회의에서는 반드시 의견 2개 이상 낸다.
  팀 회의 갈등 시 화내지 않는다. 대화로 소통한다.

①

②

③

5 우리 팀 카톡방 만들기 (연락처 나누기)

6 동료 인터뷰하기

– 무엇을 묻고 싶은지 질문을 만들어봅니다. 좋은 질문에 좋은 답이 나옵니다.

번호	상대방에 대해 알고 싶은 것
1	
2	
3	
4	
5	
6	
7	
8	

대학-지역사회 연계 프로젝트 사례

본 장에서는 국내외 대학 사례를 분석하고,
분야별 접근 방법에 대해 알아본다.

CHAPTER

03

생각해보기

최근 과학기술이 매우 빠르게 발전하면서 지역사회에도 그 속도를 따라가기 힘들 만큼 새로운 범죄나 사고가 다양하게 발생한다. 이렇게 지역사회에 새롭게 등장하는 각종 사회문제는 다양한 시민들이 모여 집단지성과 협력을 이끌어야 할 필요성이 강조된다. 시민들이 적극적으로 지역사회 문제에 관심을 가지고 직접 해결책을 마련하도록 지원하기 위해 정부도 이들이 참여할 수 있는 다양한 채널을 만들어나가고 있다. 그렇다면 지역의 대학과 대학생들은 어떤 역할을 할 수 있을까?

03 대학-지역사회 연계 프로젝트 사례
CHAPTER

● 국내 대학 사례

최근 국내 대학들은 지역사회와 함께 협력하여 공생하기 위해 평생교육 운영, 지역 학교와의 협약, 산학협력, 주민복지 프로그램 제공 등 다양한 노력을 기울이고 있다(노동권 외, 2017). 이렇게 지역혁신의 모델로 대학-지역사회 연계 프로젝트 사례가 많은 주목을 받으면서 대학-지역사회의 관계를 어떻게 형성해 나가야 할 것인가에 대한 관심도 커지고 있다(차진영·하현상, 2021). 지역사회에 위치한 대학의 캠퍼스는 단순히 교육적 기능을 수행하는 장소에 그치는 것이 아니라, 지역사회의 다양한 분야와 연계하여 대학생들의 새로운 학습공간을 만들고 미래의 일터로 경험할 수 있는 환경을 형성해간다. 특히, 대학생들은 지역사회와 유기적이고 반복적인 관계를 맺으면서 지역사회 안에서 소속감, 유대감, 신뢰 등을 구축할 수 있기에 이러한 연계 프로젝트는 더욱 주목을 받고 있다(차진영·하현상, 2021).

■ 연세대학교의 〈마을학개론〉

연세대학교의 〈마을학개론〉은 학생들이 자신이 사는 곳 혹은 관심을 가지는 곳을 중심으로 지역의 문제를 발견하고, 토론과 연구를 통해 지역문제 해결방안을 지방 선거 후보자들에게 제시하는 것에 주요 목적을 두고 있다. 〈마을학개론〉은 시민정치 수업의 일환이다. 수업을 통해 지역이 무엇인지, 지역사회에서 어떤 활동이 이루어지는지, 지역을 어떻게 인식할 수 있는지, 지역에서 벌어지는 다양한 의제는 어떻게 풀어갈 수 있는지 등 지역사회의 실제적인 현장과 밀착하여 지역사회를 이해할 수 있다. [표 3-1]은 학생들이 참여한 프로젝트의 사례를 나타낸 것이다.

[표 3-1] **연세대학교의 학생 프로젝트 사례**

연구주제	프로젝트명
청소년 민주시민교육	– 대학생과 함께 만드는 청소년 민주시민 공론장 〈정담(政談)있게〉
지역 화폐	– '새로운 마을에는 새로운 화폐가 필요하다'
전통시장	– 서대문구 에너지 독립! 영천시장
서대문구 개미마을	– 홍제 3동 개미마을 재생 프로젝트
지역관광 활성화	– 강남의 진짜 스타일 찾기 : 관광 활성화
불광천 유휴공간	– 불광천 유휴공간 재활성화 : 온 가족이 함께하는 불광천
기숙사	– 집 없는 소라게 : 서울 상생 맞춤형 기숙사
미세먼지	– 우리 동네 출퇴근 공동체 : 지역 기반형 전기차 카풀제
도시 보건	– 도시 보건 : 서울시 시립병원 중심의 CRE대처
통학버스	– 대학생과 경기도의 마음이 통(通)하는 통통버스
후보자 토론회	– 동네 민주주의를 향한 언로 : 미디어와 선거 후보 정책 – 토론회 개최 가이드라인

■ **대구대학교의 〈갈등과 해결 세미나〉**

대구대학교의 〈갈등과 해결 세미나〉는 지역사회에서 일어나는 다양한 갈등을 학생들이 직접 탐색함으로써 그 양상을 이해할 수 있도록 돕는 교과목이다. 학생들 스스로가 이러한 갈등 문제를 해결하기 위한 대안을 모색하는 기회를 얻는다. 이 수업은 지역사회 갈등 문제해결을 위한 기본적인 방법론을 소개하고 이를 바탕으로 학생들이 직접 문제 제기부터 시작해 해결방안 마련까지의 과정을 설계하고 실행에 옮길 수 있도록 설계되었다. 학생들은 직접 현실의 문제를 조사·탐색하는 과정을 통해 지역사회의 갈등을 발견하고 이를 해결하기 위한 다양한 방법을 모색한다. [표 3-2]는 학생들이 참여한 프로젝트의 사례를 나타낸 것이다.

[표 3-2] 대구대학교의 학생 프로젝트 사례

프로젝트명	조사대상	조사방식
원전을 둘러싼 관광도시 경주의 딜레마	경주시민, 환경단체 활동가, 원전관련 활동가, 경주시의원	설문 및 인터뷰, 활동 참여
우리가 만나본 대구의 지방자치	지방자치전공 학자, 국회의원, 대구시의원, 구의원, 대구지역 시민단체 활동가	인터뷰
대구지역 대학 외국인 유학생 돌아보기	대구지역 대학의 한국인 학생, 외국인 학생	설문, 인터뷰, 간담회
대구의 세대 간 정치적 갈등	대구지역 대학생, 중장년층 대구시민	설문, 인터뷰
병원 내 권력관계에 의한 갈등 : 대구지역을 중심으로	대구지역 병원의 의사, 간호사, 간호조무사, 간호학과 학생	인터뷰

■ 경희대학교의 〈후마니타스 칼리지 시민교육〉

경희대학교의 〈후마니타스 칼리지 시민교육〉은 이론 강의와 현장 활동의 체험을 바탕으로 지역사회 주변에서 일어나는 문제에 대한 구체적인 해결방안과 비전을 세워보는 종합적인 지역사회 참여 활동이 이루어진다. 시민의 탁월한 삶과 행복한 삶에 대해서 고민하고, 공동체와 국가적 시민으로서의 참여 동기를 형성하는 실습 중심의 수업이다. 이를 통해 학생들은 자신이 사는 지역사회 내에서 일어나고 있는 사회혁신 또는 시민참여 정치 사례를 탐색하고 경험한 것을 공유·확대하는 과정에 참여하게 된다. [표 3-3]은 학생들이 참여한 프로젝트의 사례를 나타낸 것이다.

[표 3-3] 경희대학교의 학생 프로젝트 사례

번호	현장 활동 제목	분야	참가자 수	유형
1	마루치 체육관 가서 태권도 알려주기	체육봉사	4	재능기부
2	요양원에 방문하여 노인분들 도와드리기	노인복지	2	봉사체험
3	'아름다운가게'에서 순환과 나눔의 가치 깨닫고 수용물품 안내 매뉴얼 만들어 알리기	나눔참여	3	봉사체험
4	수서동 주민들의 손발이 되어보기	시민참여	1	봉사체험
5	저소득층 학생 무료학습지원	교육봉사	1	재능기부
6	독거노인분들 돕기	노인복지	1	봉사체험
7	'아름다운가게' 강동고덕점에서 나눔을 실천하고 '아름다운가게' 영통점과 비교하기	나눔참여	2	봉사체험
8	김욱진 독거할머니 돕고 친구 되어 주기	노인복지	3	봉사체험
9	호국보훈 유가족 찾아 애국심 배우기	역사교육	3	체험조사
10	장애청소년 돌보고 심리운동 보조하기	장애복지	4	봉사체험
11	4.3사건 유가족 찾아 역사 배우고 알리기	역사교육	2	체험조사
12	윤슬지역아동센터 교육봉사 활동하기	교육봉사	3	봉사체험
13	도와지 장애청소년 미술 활동 보조하기	장애복지	3	재능기부

● 해외 대학 사례

해외 대학 역시 연구와 교육의 기능만을 담당하는 것에서 벗어나 지역사회 참여와 봉사를 위한 다양한 통로를 마련해 나가고 있으며, 지역연계 활동을 진행하고 있다. 대학을 뜻하는 'University'라는 단어가 '조합'을 뜻하는 universitas라는 단어에서 기원하고 있음을 고려한다면 이것은 대학 본연의 기능을 벗어나는 것이 아니라 오히려 대학 본연의 기능을 회복하는 것이라고 할 수 있다. 해외의 여러 대학은 지역 연계 활동을 이러한 현대 대학의 기능으로 이해하여 대학의 의무 활동으로 받아들이고, 예비 사회인으로서의 대학생들에게도 사회적 문제의 파악과 해결 과정을 경험하는 매우 중요한 활동임을 안내하고 있다.

■ 펜실베이니아대학교의 지역 연계 프로그램

유형	프로그램 사례	프로그램 내용
교육 서비스 제공	인문학 공개 강좌	• 펜 휴머니티 포럼
연구나 수업을 통합 협력	지역사회 기반 연구	• 지역사회 기반 연구 여름 인턴십 프로그램
	간호 대학	• 웨스트 필라델피아 건강의 날 개회
교육 · 지식과 연계된 봉사	의과 대학	• 노숙자 진료소 사회봉사
	셰이어 중학교	• 건강증진과 질병 예방을 위한 프로그램
	웨스트 필라델피아	• 지역 학교 과학 교실
	사회 봉사	• 학문 기반 사회 봉사(ABCS) 프로그램
	이니셔티브 전략	• 대학 지원 지원 유치원 및 초등학교 운영

■ 일리노이대학교의 지역 연계 프로그램

유형	프로그램 사례	프로그램 내용
교육 서비스 제공	브라운 백 시리즈	• 지역사회 예술가 및 활동가 정보 공유 활성
	시카고 프로젝트	• 시카고 지역 내 가정 폭력 피해자 대상
	공개강좌	• 대도시연구소 공개강좌
	UIC 이니셔티브	• 주민과 비영리 네트워크 프로젝트
연구나 수업을 통합 협력	UIC 이니셔티브	• 사우스 시카고의 상업가로 활성화 계획 • 필슨 삶의 질 향상 계획 • 훔볼트 공원 이니셔티브 • 필슨 임대주택 현황 연구 • 시카고 애비뉴 상업 활성화 계획
교육 · 지식과 연계된 봉사	네이버스	• 법대-중학교 멘토링 및 리더십 프로그램
	거리 법	• 법대-고등학생 법 수업 프로그램
	약학대	• 약대 임상 약학 서비스 제공
	치과대학	• 초등학생 구강 보건 교육
	소외계층 교육 지원	• 소외계층 어린이 책읽기 프로그램
	미술	• 무료 미술 여름학교

■ 요코하마시립대학교의 지역 연계 프로그램

유형	프로그램 사례	프로그램 내용
교육 서비스 제공	평생교육	• 어학강좌(영어 등) • 교양강좌(문학, 역사, 예술, 비즈니스, 자연과학 등) • 의료강화(의학 전문지식, 가벼운 건강 유지 등)
	초 · 중 · 고등학생을 위한 교육	• 영감을 얻는 설레는 과학 • 블랙 잭 세미나 • 키아하 생물학 연구소와 연계 • 어린이 놀이 2014
	지역 고등학교와 제휴 사업	• 대학 수업 참여 • 고등학교 영어 교과목 교사 연수 • 슈퍼 글로벌 고등학교 연계 • 요코하마 사이언스프런티어 고등학교 연계
	기부 · 지원 강좌	• 은행강좌, 재무부 사무소의 업무와 역할, 산업으로의 패션 비즈니스 전략, 중소기업의 CSR 전략
연구나 수업을 통합 협력	캠퍼스타운 가나자와	• 가나자와구 지역 기업의 매력발산 프로젝트 • 젊은 인재 확보에 의한 지역 기업 활성화 사업
	지역에 대한 연구	• 교원 지역공헌활동 지원 사업
	지역에 대한 수업	• 지역 마을 만들기 실습 등

■ 와세다대학교의 지역 연계 프로그램

유형	프로그램 사례	프로그램 내용
교육 서비스 제공	와세다대학 오픈 칼리지	• 교양, 비즈니스, 어학 등 연간 1,800개 강화 • 스터디 투어(견학) • 단기 유학 • 국제 자원봉사 체험 • 수료생 친목회
	과학 · 수학 사랑 실험교실	• 니시도쿄시-와세다대학 연계 수학, 물리, 화학, 생물 강좌
	경영 파워업 학원	• 지역 경영자 대상 세미나
	바른 식생활 워크숍	• 스미다구-와세다대학-지역주민 연계 워크숍
교육 · 지식과 연계된 봉사	여유 공간 · 구름	• 은둔형 외톨이 학생 등 사회복귀 지원 • 스포츠 이벤트, 친목도모 프로그램 등

카페어(CAFAIRE)	• 공정무역에 대해 알리고 인지도를 높이는 이벤트 • 공정무역 상품 비치 장소를 늘리기 위한 활동
와세다 재해대책 학생팀	• 대학-학생-지역사회 연계 • 지진 및 재해대책을 위한 활동
아톰 통화 프로젝트	• 지역상점가-와세다대학-민간기업 연계 사업 • 아톰 통화 학생 사무국(와세다대학 학생 운영) • 지역과의 교류(지역상점 및 주민) • 환경보호 활동(에코백 프로젝트 등) • 국제협력(백신 기부, 공정무역 추진 등) • 교육(아이들 대상 환경보호 교육 등) • 이벤트 참여(지역축제, 아톰 화폐 소개 등)

자료 : 김태현 · 이태희 · 윤기학(2015)

● 분야별 접근 사례

〈JB지역사랑프로젝트〉 교과목에서 다루고자 하는 지역사회 이슈는 일반적으로 학교 캠퍼스를 중심으로 학교 밖의 경기 고양지역과 충청 금산지역을 일컫지만, 개별 학생을 중심으로 자신의 집에서부터 학교에 오기까지의 과정에서 만나는 모든 관심 주제 및 문제가 대상이 될 수 있다. 관심 주제는 자연환경에서 인공물, 조직, 문화, 역사, 사람, 제도 등 모든 영역과 분야가 될 수 있다. 또한, 대상 지역민은 유아에서부터 노인까지, 내국인에서부터 외국인까지 다양하며, 대상이 되는 기관 역시 각급 학교, 공공기관, 기업, 시민단체, 개인에 이르기까지 다양하다.

〈JB지역사랑프로젝트〉 교과목에서 팀 활동이 수행 가능한 주요 분야는 지역의 사회적 약자라 할 수 있는 아동 · 청소년, 장애인, 노인, 다문화가정 등을 대상으로 하는 영역과 지역사회를 둘러싼 자연환경 영역을 우선적으로 고려해볼 수 있다. 아동 · 청소년을 대상으로 학습지도, 멘토링, 방과후 교육, 청소년 프로그램, 독서지도, 동아리 지원 등 활동에 참여할 수 있다. 장애인을 대상으로 이동지원, 활동보조, 낭독봉사, 자막봉사, 주거환경 개선, 이미용 서비스 등 활동에도 참여할 수 있다. 노인을 대상으로 교육봉사, 도시락지원, 보건의료, 후원물품 배달, 요양원 활동지원, 말벗 등 활동에도 참여할 수 있다. 다문화가정을 대상으로 상담 통역 및 번역, 한국어 교육, 멘토링, 문화교류, 홍보, 활동보조 등 활동에도 참여할 수 있다. 환경문제와 관련해서는 환경정화활동, 재활용 홍보캠페인, 텃밭 가꾸기, 문화재보호, 모니터링 등 활동에 참여할 수 있다. 이러한 활동은 사회봉사 참여, 정책 아이디어 제안, 기관·기업연계 체험 등의 형태로 팀 활동 기획이 가능하다. 〈그림 3-1〉은 앞서 얘기한 사례를 나타낸 것이다.

우리는 어떤 활동을 할 수 있을까?

① 아동·청소년
학습지도, 멘토링, 방과후 교육, 청소년 프로그램, 독서지도, 동아리 지원 등

② 장애인
이동 지원, 활동보조, 낭독봉사, 자막봉사, 주거환경 개선, 이미용 서비스 등

③ 노인
교육봉사, 도시락지원, 보건의료, 후원물품 배달, 요양원 활동지원, 말벗 등

④ 다문화가정
상담 통역 및 번역, 한국어 교육, 멘토링, 문화교류, 홍보, 활동보조 등

⑤ 환경
환경정화활동, 재활용 홍보캠페인, 텃밭 가꾸기, 문화재보호, 모니터링 등

생활편의지원, 주거환경, 상담, 교육, 보건의료, 문화행사, 행정보조, 안전·예방, 국제행사 등

〈그림 3-1〉 분야별 활동 사례

학생들이 수행하게 될 팀 활동은 어떤 절차와 방법에 의존하지 않는다. 지역에 대한 관심과 이해를 기반으로, 학생들의 창의적인 아이디어를 모든 기획·설계·수행 과정에 접목할 수 있다. 즉, 여러 팀이 같은 주제나 분야의 지역문제를 선정하더라도 실제 수행과정과 결과는 크게 달라질 수 있는 것이다. [표 3-4]는 지난 2021년 1학기 〈JB지역사랑프로젝트〉 교과목을 수강한 학생 팀들이 실제로 기획·수행한 활동 사례를 나타낸 것이다. 같은 주제라 하더라도 실제 학생들의 활동내용과 과정은 다양하다.

[표 3-4] 팀 활동 사례

구분	주제(키워드)	활동내용
1	노인복지	지역 노인복지센터에서 도시락 배달 등 활동 수행 및 카드뉴스 제작
2	아동돌봄	지역 아동을 위한 코로나19 동화 제작 및 지역아동센터 전달
3	환경정화	지역의 환경문제 관련 봉사활동 수행 및 브이로그 촬영 · 유튜브 홍보
4	장애인	장애인보호작업장에서 봉사활동 수행 및 인식 개선 포스터 제작
5	노인복지	지역의 독거노인 문제 해결을 위한 아이디어 도출
6	아동돌봄	지역아동센터에서 안전교육, 퀴즈게임 등 아동돌봄활동 수행
7	유기견보호	지역 유기견보호소에서 활동 수행 및 포스터 제작
8	아동돌봄	지역의 아동센터에서 아동돌봄 활동 수행 및 아동학대 관련 인터뷰
9	노인복지	지역 노인복지관 어르신 대상 장수 사진 찍어드리기
10	유기견보호	지역 유기견보호소에서 활동 수행 및 캠페인 영상 제작
11	노인복지	지역 내 노인복지기관에서 봉사 및 키오스크 사용법 동영상 제작
12	환경정화	지역 하천의 산책로와 공원 정화활동 및 올바른 분리수거 활동
13	환경정화	지역 내 LNG 가스 등 환경문제 알리기 위한 UCC 제작
14	문화예술	잘 알려지지 않은 지역의 문화예술 홍보 영상 제작
15	장애인	시각장애 아동을 위한 전자도서 제작
16	지역관광	숨겨진 명소를 찾아 온라인 홍보 동영상 제작하기
17	지역관광	지역의 새로운 관광 루트 개발
18	일자리	지역의 일자리 관련 인식 조사 및 홍보 팸플릿 제작
19	지역경제	지역 소형마켓이나 재래시장 활성화를 위한 캠페인 실시
20	교통 · 안전	지역의 어두운 밤거리 포토존 조명 설치
21	장애인	시각장애인의 버스 이용 불편함 해소를 위한 새로운 아이디어 도출
22	아동청소년	지역 대학생과 다자녀 가정 연계 지원 멘토 프로그램 기획 활동
23	교통 · 안전	좁은 골목길 교통사고 방지를 위한 LED 알림 전등 설치
24	아동청소년	소외계층 아동에게 우정문화 선물하기
25	노인복지	어우(어르신+우정문화) 감사엽서프로젝트
26	환경정화	지역 화단과 길거리 쓰레기 무단 투기 방지 대안 마련
27	교통 · 안전	불법주차 예방을 위한 홍보 포스터 게시
28	환경정화	인공지능 쓰레기통 설치를 위한 아이디어 도출
29	헌혈	지역의 부족한 혈액 수급을 위한 헌혈동참 및 캠페인
30	코로나19	코로나19로 인한 지역의 체대입시 준비 문제 해결방안 마련

WORK B O O K 03

본 장에서는 국내외 대학 사례를 분석하고, 분야별 접근법에 대해 알아보고자 한다.

팀 프로젝트

1 매 주차 수업 시 팀원들과 소통을 하면서 다음과 같은 방식으로 시작한다.

입장	인사하기
구호	우리 팀명 외치기
존재의 확인	이름 말하기
팀원 인터뷰	매 주차별 팀원 1명씩 정해서 인터뷰하기 팀원들은 질문 한 가지씩 진행하기
이번 주 우리의 미션	

2 나에게 '지역사랑'이란?

	지역사랑	

3 21세기 인재에게 필요한 4가지 역량(4C)

Creativity(창의력)	Critical Thinking(비판적 사고)
Communication(의사소통)	Collaboration(협업)

4 커뮤니케이션 능력

① 자신과 커뮤니케이션을 할 수 있는 능력
② 다른 사람과 커뮤니케이션을 할 수 있는 능력
③ 자기 생각과 감정을 언어로 표현할 수 있는 능력
④ 자기 생각과 감정을 비언어로 표현할 수 있는 능력
⑤ 상대방의 표현(언어, 비언어)을 경청할 수 있는 능력
⑥ 상대방의 표현에 반응할 수 있는 능력

5 팀 활동이 잘되는 팀의 특징은?

_____

_____

_____

6 팀 활동이 잘 안되는 팀의 특징은?

_____

_____

_____

7 그래서... 우리 팀은?

우리 팀은 (   )입니다.

8 우리 팀 역할 나누기

팀장	
부팀장	
서기(1) 팀 회의 시	
서기(2) 수업 시	
사진촬영/미디어 담당	
자료조사 담당	
보고서 작성 담당(1) 한글 문서	
보고서 작성 담당(2) PPT 작성	
실습 시 기관연락 담당	
스케줄 담당	
보고서 담당	
성찰보고서 담당	
인터뷰 담당	
기타	

팀별 주제 선정/
현장활동계획서 작성 Ⅰ

본 장에서는 팀 프로젝트 활동을 이해하고, 관심
기관 및 주제 선정하는 방법을 파악해본다.

CHAPTER

04

생각해보기

인디언 속담엔 이런 말이 있다. '빨리 가려면 혼자 가고, 멀리 가려면 함께 가라' 이처럼 예로부터 협력과 팀워크에 대한 중요성은 강조되어 왔고, 이는 우리가 살아가는 지금 시대에도 마찬가지로 통용된다. 특히 팀 단위에서 선수들 간의 팀워크는 중요하다. 하지만 그보다 팀워크가 필수적으로 필요한 분야가 바로 지역사회 문제해결 팀 프로젝트 활동이다. 우리가 살고 있는 지역에 산재해 있는 다양한 문제를 발굴하고 해결하기 위해선 혼자만의 힘으로 헤쳐나가기 어렵다. 철저한 계획, 실행의지, 실증 검증을 위해 사전에 어떤 요소들을 학습해야 할까?

04
CHAPTER

팀별 주제 선정/현장활동계획서 작성 I

● 팀 프로젝트 활동 이해

팀 프로젝트의 성공적인 활동을 위해서는 지역사회 이해(지역을 사랑하는 마음, 지역에 대한 공감 능력), 지역사회 문제 발굴(문제점 파악, 과제 도출), 지역사회 문제해결(해결안 도출)의 단계별 학습이 필요하다. 따라서 자신이 맡은 임무에 최선을 다하는 책임의식과 성실한 자세가 필요하다. 팀 내 책임의식 문화를 만들고 원팀으로 가기 위해선 다음과 같은 요소들이 필요하다. 첫째, 확실한 기대치이다. 팀원들끼리 활동에 대한 계획을 세울 때 팀이 기대하는 달성치를 명확하게 설정하는 것이다. 가령 설문지 제작은 언제까지 끝낼 계획인가? 고객군(인터뷰 대상자)은 언제까지 섭외할 것인가? 수립한 계획이 어긋났을 때 대책은 수립되어 있는가? 등 체크리스트를 통해 팀 활동을 팀원 구성원 모두가 잘 수행하고 있는지 파악해야 한다. 둘째, 확실한 역량이다. 앞서 말한 기대치를 달성하기 위해서 개인이 맡은 임무를 완수할 수 있는 역량이 확보되었는지 확인해야 한다. 이를 위해 팀 내 소통을 바탕으로 서로가 어떤 역량을 보유하고 있는지 공유해야 활동의 실패를 막을 수 있다. 셋째, 구체적인 측정값의 설정이다. 활동을 수행하다 보면 계획대로 설문지를 회수할 수 없거나 고객군(인터뷰 대상자)이 바뀌는 등 다양한 이슈가 발생한다. 때때로 활동하는 과정에서 아이디어가 변경되는 경우도 있다. 팀 구성원들끼리 협의하여 개인의 역량을 기반으로 명확한 기대치를 설정해 두었다고 하더라도 활동을 하다보면 변수라는 것이 존재한다. 그래서 좀 더 명확하고 구체적인 측정값을 수치화하여 체크하고, 계획 대비 달성하지 못했을 경우 팀 구성원 간 상황을 빨리 공유하여 다른 해결책을 모색해야 한다. 넷째, 거침없는 피드백이다. 팀 구성원 간 어떤 아이디어를 제안해도 의견을 존중해야 하고, 비판하면 안 된다. 서로 솔직하고 거침없는 의견 공유는 브레인스토밍을 할 때 가장 중요한 원칙이라고 할 수 있다. 다섯째, 팀 관리다. 앞서 말한 명확한 기대치, 확실한 역량, 구체적인 측정값, 거침없는 피드백을 기반으로 팀 활동을 수행하면 어느 정도 성과를 기대해도 좋다. 이 과정에서 책임의식이 그래도 생기지 않는 구성원이 존재한다면 팀장은 역할을 바꿔주는 등 어떤 어려움이 존재하는지 확인해야 한다. 이 다섯 가지는 팀의 책임의식 문화를 만드는 데 가장 중요한 요소로 팀장을 비롯한 모든 팀원들은 꼭 숙지해야 한다. 다음은 성공적인 팀 프로젝트 활동을 위한 10가지의 체크리스트로, 책임감 있는 팀 문화를 조성하기 위해 다같이 노력해야 할 것들이다.

---

*팀 프로젝트 활동을 위한 10가지 체크리스트

⑴ 나는 우리 팀이 어떤 활동을 하는지 계획을 알고 있다.

⑵ 나는 우리 팀이 성공적인 프로젝트를 진행하기 위한 방법을 알고 있다.

⑶ 나는 목표를 달성하기 위해 다양한 의견을 팀원들과 공유한다.

⑷ 나는 업무에 대한 진행 정도를 파악하며 프로젝트를 수행한다.

⑸ 나는 우리 팀이 설정한 목표를 어느 정도 달성해야 하는지 알고 있다.

⑹ 나는 우리 팀이 달성하고자 하는 목표를 알고 있다.

⑺ 나는 다른 팀원이 맡은 일에 대해서도 관심을 갖고 피드백을 해준다.

⑻ 나는 맡은 과제에 대해 적극적인 태도로 임한다.

⑼ 나는 팀 문화를 중시한다.

⑽ 나는 팀 구성원과의 소통을 중시한다.

➲ 관심 주제 선정하기

좋은 주제란 지역사회와 연관되면서 활동할 만한 가치가 있고, 평소에 관심 있던 주제여야 한다. 예를 들어 지속가능성(sustainability)을 문제 해결 지향 가

치로 하여 지역사회의 문제와 연계 가능한 세부 주제를 선정할 수도 있고, 지역
사회 네트워크를 통해 지역사회가 학생들에게 의뢰하는 주제를 선정할 수도 있
다. 학생들이 접근하기 쉽고 지역에서 발생하고 있는 문제와의 연관성을 고려하
여 몇 개의 주제를 교수자가 제안하는 방식도 있고, 학생들이 자유롭게 문제 주
제를 선정하는 방식도 가능하다. 팀을 구성한 후에 팀 프로젝트 활동 시 브레인
스토밍을 통해 주제를 선정할 수 있는데, 이때 팀의 팀장이 회의를 주도하여 관
심 주제가 선정될 때까지 잘 이끌어가야 하므로 그 역할이 굉장히 중요하다. 학
생들이 직접 문제 주제를 선정할 때 팀장은 다음과 같은 순서로 주제를 선정할
수 있다. 첫째, 각자 개인별로 관심 주제를 생각해보고, 각자 간단히 해당 주제에
대해 발표 및 토의 시간을 가진다. 가령, 발표자는 왜 해당 주제를 선정하게 되
었는지 배경을 설명하고, 아이디어가 '팀 프로젝트로서 수행 활동 아이디어로 적
합한지 나머지 팀원들의 질의응답을 통해 점검을 한다. 이러한 과정을 통해 아
이디어가 정해질 수도 있고, 제안한 아이디어들의 융합으로 인해 새로운 아이디
어가 탄생할 수도, 또는 아이디어가 정해지지 않고, 갈등 상황이 생길 가능성도
존재한다. 여기서 갈등 상황이 촉발된다는 건 좋은 주제를 선정하기 위한 징조
현상이다. 이때 갈등 상황을 해결하는 과정에서 새로운 아이디어가 창출되도록
하기 위해선 팀장의 역할이 굉장히 중요하다. 갈등 상황이 발생한다는 것은 서
로 입장이 다르다는 것이지만 반대로 서로 간의 다른 입장을 이해하고, 나와 다
른 의견을 수용한 새로운 아이디어가 창출된다면 오히려 독창적이고, 창의적인
아이디어가 나올 가능성이 크기 때문이다. 좋은 주제를 선정하기 위한 여러 가
지 기법은 다음과 같다.

1. 친화도법(affinity diagram)

친화도법(affinity diagram)은 아이디어를 정리하는 압축 기법이다. 보통 아이
디어를 발화하는 방법으로 많이 사용되는 것이 브레인스토밍이다. 그러나 브레

인스토밍으로 많은 아이디어나 생각들이 도출되었어도 정돈되지 않아 핵심 파악이 어려울 때가 있다. 친화도법은 많은 아이디어나 생각을 관련 있는 것끼리 분류하여 전체적인 구조를 파악하는 문제 해결 방법이다. 동일한 주제에 대한 의견이나 미래에 일어날 상황 등을 예측하여 유사성, 연관성이 높은 순으로 재분류하고 파악한 후 해결안을 만든다.[1] 다음과 같은 순서로 친화도법을 진행할 수 있다.

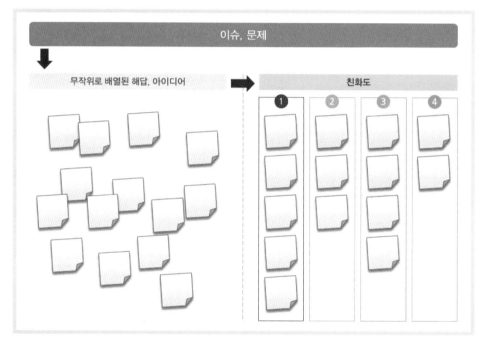

〈그림 4-1〉 워크시트 I

*친화도법(affinity diagram) 진행 절차

(1) 주제를 공유한 후 도출된 아이디어와 제안 배경에 대해 포스트잇에 적는다.

(2) 1차로 나온 아이디어를 비슷한 유형으로 구분하여 분류한다.

---

1) 과학백과사전(https://www.scienceall.com/친화도법affinity-diagram/)

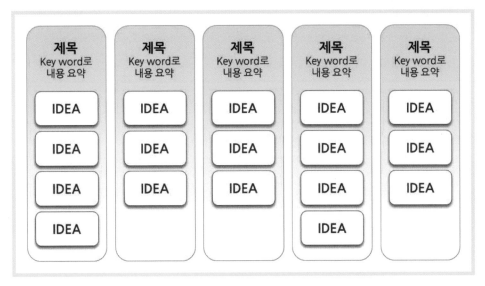

〈그림 4-2〉 워크시트 II

(3) 비슷한 유형으로 구분한 아이디어를 브레인스토밍을 하여 공통 분모를 찾고 key word와 제목을 도출하여 다른 포스트잇에 적는다.

(4) Key 제목 중에 가장 중요하다고 판단되는 그룹을 정한다.

(5) 투표 결과를 공개하여 이의가 있는지 확인하고, 이의가 없으면 합의에 따른 아이디어를 최종적으로 결정한다.

2. Fist-to-Five

이 기법은 여러 개의 아이디어 중 하나를 선택하기 위해 신속한 의사 결정을 하고자 할 때, 아이디어 동의 정도를 손가락으로 나타내는 방법이다. 실시 절차가 굉장히 간편한 특징이 있는 반면에 아이디어에 대해 심도 있는 논의가 어려운 단점이 있다.

*Fist-to-Five 진행 절차

(1) 팀장은 우선 순위를 결정해야 할 아이디어를 제시한다.

(2) 팀장은 팀원들에게 동의 정도를 손을 들어 손가락으로 표시할 것을 요청

한다.

(3) 팀장은 아이디어에 대해 팀원들이 표시한 손가락의 개수를 집계한다.

(4) 점수가 가장 높은 것부터 순위를 매기고 아이디어를 결정한다.

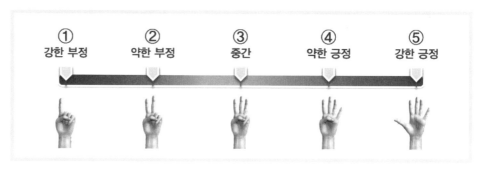

〈그림 4-3〉 진행 예시

3. 의사 결정 그리드법(Decision Grid)

이 기법은 여러 아이디어 중 우선 순위를 정해야 할 때 활용되는 방법으로, 구성원 간의 소통을 통하여 위치를 결정해야 한다.

*의사 결정 그리드법(Decision Grid) 진행 절차

(1) 포스트잇에 개인이 정한 아이디어를 작성한다.

(2) X축에 실행 가능성, Y축에 기대효과로 구분하여 아래 그림과 같이 나눈다.

(3) 작성한 아이디어를 바탕으로 제안자를 제외한 나머지 구성원이 함께 논의하여 실행 가능성 및 기대효과 위치를 정한다.

(4) 실행 가능성과 기대효과가 가장 높은 아이디어 하나를 선정하고, 제안자가 발표한다.

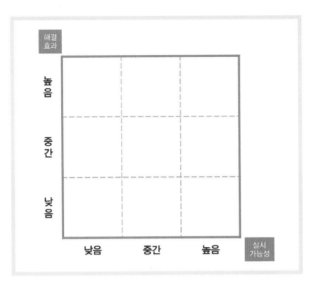

〈그림 4-4〉 워크시트

4. Scoring Method

Scoring Method는 평가 항목에 따라 배점을 구분하고, 아이디어별 나오는 배점 합산에 따라 우선 순위를 정한다.

*Scoring Method 진행 절차

(1) 평가요소(실시 가능성, 창의성, 효과성, 적용 범위, 지속 가능성)를 결정하고 가중치를 준다.

(2) 아이디어에 대해 점수를 측정하여 점수를 합산한다.

(3) 가장 높은 점수를 선별한다.

해결방안	평가요소					순위
	창의성 25%	효과성 25%	적용범위 25%	계속성 25%	합계 100%	

〈그림 4-5〉 워크시트

좋은 주제를 선정하기 위해 앞서 설명한 친화도법(affinity diagram), Fist-to-Five, 의사 결정 그리드법(Decision Grid), Scoring Method 중 판단하여 응용하면 될 것이다.

➔ 관심 기관 선정하기

관심 기관을 선정하기 위해서는 앞서 지역 사회 문제 발굴 테마를 어떻게 결정했느냐에 따라 달라질 수 있다. 지역사회의 개념에 대한 확대와 더불어 지역사회의 파트너들이 학생의 교육적 성취를 위해 어떤 활동을 해야 하는가에 대한 비전을 갖는 것이 매우 중요하고, 이를 위해 사전에 확보된 네트워크를 통해 프로젝트를 진행한다면 가장 이상적이라고 할 수 있다. 이는 학교와 지역사회와의 연계성 및 협력 관계가 깊을수록 기관의 협조를 바탕으로 다양한 활동(프로젝트)이 가능하기 때문이다. 다음으로 학생들이 자유롭게 문제 주제를 선정하고, 그 이후에 관심 기관을 선정해야 한다면, 학생들이 직접 기관에 연락을 하여 프로젝트 활동 방향성을 설명한 후 진행하는 방법이 가능하다. 학생들이 생각한 아이디어, 문제 해결 실행 계획을 직접 관련 기관에 소개함으로써 커뮤니케이션 능력, 공감 능력 향상이 가능하다. 앞으로의 현장 활동을 위해서 처음부터 직접 체험하는 능동적인 학습활동이 필요하다. 이때 중요한 점은 학생들이 직접 기관에 연락을 해야 하는 팀의 경우 연락과 섭외 등의 절차를 상세히 사전에 준비하고 점검해야 한다. 지역사회에서 협업 관계를 맺을 수 있는 대상 기관은 다음과 같다.

[표 4-1] 지역사회 협업 대상 기관[2]

대상 기관 영역	대상 기관
대기업과 중소기업	– 대기업의 지역 대리점, 지역의 사업체 등
교육기관	– 대학, 고등학교, 기타 교육기관 등
병원 및 건강관리 기관	– 병원, 헬스케어센터, 정신건강센터, 건강관리재단 등
정부와 군기관	– 소방서, 경찰서, 상공회의소, 시의회, 지방정부 등
국가적인 서비스 및 자원봉사 기관	– 로터리 클럽, 라이온스 클럽, 보이 스카우트, 걸 스카우트, YMCA 등
종교기관	– 교회, 이슬람교, 기타 종교시설 등
노인 조직	– 요양원, 노인 자원봉사 조직 등
문화 및 여가활동 기관	– 동물원, 박물관, 도서관, 레크리에이션 센터 등
언론기관	– 지역 신문사, 라디오 방송국, 케이블 방송국 등
스포츠 단체 및 협회	– 스포츠팀, NBA, NCAA 등
기타 지역사회 조직	– 남학생 및 여학생 조직, 재단, 정치집단, 동문회 등

---

2) 미국의 학교와 지역사회 간 연계 사례와 시사점 : 커뮤니티스쿨 사례를 중심으로 서울 : 한국교육개발원, 2015

W O R K B O O K **04**

본 장에서는 팀 프로젝트 활동을 이해하고, 관심 주제 선정하는 방법을 파악해본다.

팀 프로젝트

1 매 주차 수업 시 팀원들과 소통을 하면서 다음과 같은 방식으로 시작한다.

입장	인사하기
구호	우리 팀명 외치기
존재의 확인	이름 말하기
팀원 인터뷰	매 주차별 팀원 1명씩 정해서 인터뷰하기 팀원들은 질문 한 가지씩 진행하기
이번 주 우리의 미션	

2 나의 말하기–듣기–답하기 진단해보기

구분	항목	진단 (O=1점, △=0점, X=-1점)
말하기	명확하게 말하는가?	
	참말을 하는가?	
	친절하게 말하는가?	
	공감하는 말을 하는가?	
	배려하는 말을 하는가?	
	살리는 말을 하는가?	
	재미있게 말하는가?	
	어법에 맞게 말하는가?	
	온몸으로 말하는가?	
	침묵할 때와 말할 때를 구분하는가?	

	상황에 맞게 말하는가?	
	뒤에서도 좋게 말하는가?	
	남의 이야기를 전하는가?	
	상대방과 50:50으로 말하는가?	
	합계	
듣기	상대방을 중요한 사람으로 인식하고 대하는가?	
	상대방이 말할 때 귀를 기울이는가?	
	상대방에게 시선을 집중하는가?	
	오직 상대방 한 사람에게 집중하는가?	
	상대방의 마음도 헤아려 듣는가?	
	합계	
답하기	상대방의 말에 긍정적인 반응을 해주는가?	
	상대방의 말에 적극적으로 피드백을 해주는가?	
	상대방의 말에 질문을 해주는가?	
	합계	

– 합계 점수가 마이너스일 경우 소통에 노력할 것

3 우리 팀 공통의 관심 분야를 위한 문제 발굴하기

우리 지역 하면 떠오르는 것은 무엇인가요?	
우리 지역의 주요 이슈는 무엇인가요?	
사회 전체적인 이슈와 맞물려 생각해본다면?	
어떤 현상과 원인이 나타나나요?	
어떤 해결책들이 있었나요?	
기존 해결책들의 장/단점은 무엇인가요?	
어떻게 바뀌었으면 좋겠나요?	

그 변화를 위해 어떤 자원이 필요할까요?	
나와 어떤 연관이 있을까요?	
기타	

4 팀플을 위한 최고의 맞장구는?

5 팀플을 망치는 최악의 맞장구는?

팀별 주제
선정/현장활동계획서 작성 II

본 장에서는 현장활동계획서의 의미를 알아보고,
작성 원칙과 구성 내용을 파악해본다.

CHAPTER

05

생각해보기

영국 속담엔 이런 말이 있다. '성취하지 않을 것을 기획하지 말라' 이처럼 계획은 일의 근본적 요소로 타당성 있는 계획은 모든 일을 원만하게 성취시킨다. 우리가 살고 있는 지역의 상황과 이슈를 이해하고, 지역의 당면 문제와 예상되는 미래 문제를 발굴하기 위해 우리가 계획하고 있는 현장 활동이 과연 타당성 있는 것인지 판단하는 것은 매우 중요하다. 특히, 수행할 의지가 없는 것은 기획을 해도 소용없다. 무엇보다 계획을 바르게 세우는 것이 중요하다. 그렇다면 과연 현장 활동 계획은 어떤 원칙을 가지고 세워야 할까?

05 CHAPTER 팀별 주제 선정/현장활동계획서 작성 II

● 현장활동계획서의 의미

우리 지역의 상황과 이슈를 이해하고, 지역의 당면 문제와 예상되는 미래 문제를 발굴하기 위해 우리가 계획하고 있는 현장 활동이 과연 활동 타당성이 있는 것인지를 판단하는 것은 매우 중요하다.

현장활동계획서는 지역의 당면 문제와 예상되는 미래 문제를 발굴하여 구체적인 해결 방법을 찾아볼 수 있도록 도와주는 길잡이 역할을 하므로 필수적으로 작성해야 한다. 현장활동계획서의 내용과 형식은 팀 프로젝트 주제와 분야(유형)에 따라 다르겠지만 일반적으로 목적 및 필요성, 자료조사 결과, 구체적인 활동 방법, 역할 분담, 세부 추진계획, 예상되는 문제점 및 대응 방안, 기대효과 및 기타 고려해야 할 사항 등으로 구성된다. 이와 같은 현장활동계획서 작성을 통하여 계획하고 있는 팀 프로젝트의 성공이 예상될 때, 현장 활동을 추진하게 된다.

실제 현장활동계획서를 작성해보면 지속적인 수정이 필요하게 된다. 가령 지역 사회 문제 해결에 꼭 필요한 활동 주제라고 생각했던 아이디어가 실제 현장 활동을 하는 과정에서 대다수의 지역민(수요자)이 아이디어가 참신하지 않다고 느낄 수도 있다. 이럴 땐 팀 프로젝트 활동을 포기하기보단 빨리 활동 계획을 재조정하여 팀 프로젝트를 진행하면 된다. 잘 작성된 현장활동계획서는 팀 프로젝트 활동의 성공 가능성을 높여줄 수 있고, 지역 문제 해결을 위한 기초 자료로 활용 가능한 중요한 자료가 될 수 있다. 따라서 현장활동계획서 작성은 활동 목적이 명확한지, 꼭 필요한 활동이 맞는지 따져봐야 한다. 동시에 활동 주제에 대한 자료조사가 사전에 충분히 이루어져야 의미 있는 현장 활동을 수행할 수 있다.

● 현장활동계획서의 작성 원칙

현장활동계획서는 지역 사회의 상황과 이슈를 이해하고, 지역의 당면 문제를 발굴하여 구체적인 해결 방법을 찾고자 하는 팀 구성원의 의지를 체계적으로 정리·기술한 것이다. 이러한 관점에서 현장활동계획서 작성 시에는 다음과 같은 점에 유의하여야 한다.

① 현장 활동의 목적 및 필요성을 구체적으로 작성해야 한다. 특히 기존에 이미 존재하고 있는 아이디어로 동일하게 현장 활동을 하겠다고 하는 경우가 많은데, 그보다 기존 현황, 현재의 문제점, 새로운 활동의 필요성으로 구분하여 일목요연하게 작성해야 한다.

② 자료조사 결과에 대한 신뢰성 및 타당성을 확보해야 한다. 우리가 생각했을 때 문제라고 판단하여 자료를 수집하는 경우가 있는데, 그보다는 실제 불편함을 느끼는 지역민의 상황을 파악하고, 문제 해결을 위한 수요자가 어떤 문제의식을 갖고 있는지, 해결 의지가 있는지 등 구체적으로 파악하여 작성해야 한다.

③ 지역의 당면 문제를 발굴하여 아이디어를 제안하기 위한 구체적인 활동 방법을 체계적으로 작성하는 것이 가장 중요하다. 가령 활동 시 필요한 최대한의 모든 활동 사항을 정리하여야 하며, 기본적으로 인터뷰 질문지, 인터뷰 대상 섭외, 인터뷰 영상 촬영, 인터뷰 결과 취합 및 문서화, 영상 편집, 시제품 제작, 기관 방문, 발표 PPT 제작 등이 활동 방법에 포함될 수 있다.

④ 역할 분담은 앞서 구체적인 활동 방법에서 기술한 내용을 바탕으로 역할을 좀 더 세부적으로 작성하고, 담당자를 지정해야 한다.

⑤ 세부 추진 계획은 실제 활동 주차(일시)에 따라 어떤 활동을 어떻게 수행할 것인지 상세하게 작성해야 하고, 현장으로 나가서 활동하는 팀원과 실시간 수업에 참여하는 팀원을 구분해야 할 것이다.

⑥ 예상되는 문제점 및 대응 방안을 구체적으로 작성해야 한다. 현장 활동 시 예상되는 장애요인과 대응을 위한 사전계획을 작성해보고, 활동이 잘 진행될 수 있도록 세밀하게 점검하고 피드백한다.

⑦ 기대효과 및 기타 고려해야 할 사항은 우리가 활동을 함으로써 얻어지는 기대효과와 현장활동 시 고려사항을 파악해봄으로써 성공적인 팀 프로젝트 활동을 위한 계획이 잘 수립되었는지 최종적으로 점검해야 한다.

● 현장활동계획서의 구성 내용

현장활동계획서는 크게 1. 목적 및 필요성, 2. 자료조사 결과, 3. 구체적인 활동 및 추진계획, 4. 연계기관 담당자 또는 활동 대상 인터뷰 질문지, 5. 역할 분담, 6. 예상되는 문제점 및 대응 방안, 7. 기대효과 및 기타 고려해야 할 사항 으로 구분된다.

예를 들면 다음과 같다.

〈현장활동계획서(예시)〉

1. 목적 및 필요성

현장활동의 목적, 필요성 등 작성

2. 자료조사 결과

기관정보, 주제별 이슈 등 사전 자료조사 결과 작성

3. 구체적인 활동 및 추진계획

구체적인 활동 영역, 내용, 방법 등 작성

4. 연계기관 담당자 또는 활동 대상 인터뷰 질문지

수요자(연계기관 담당자, 관련 지역민 등) 인터뷰 질문지 작성

5. 역할 분담

각 팀원별 역할과 구체적인 활동 내용 포함하여 작성

6. 예상되는 문제점 및 대응방안

현장 활동 시 예상되는 장애요인과 대응을 위한 사전계획·방안 작성

7. 기대효과 및 기타 고려해야 할 사항

현장 활동을 통한 기대효과, 예상되는 성과·결과, 기타 사항 등 작성

WORKBOOK 05

본 장에서는 현장활동계획서의 의미를 알아보고, 작성 원칙과 구성 내용을 파악한다.

팀 프로젝트

1 매 주차 수업 시 팀원들과 소통을 하면서 다음과 같은 방식으로 시작한다.

입장	인사하기
구호	우리 팀명 외치기
존재의 확인	이름 말하기
팀원 인터뷰	매 주차별 팀원 1명씩 정해서 인터뷰하기 팀원들은 질문 한 가지씩 진행하기
이번 주 우리의 미션	

2 우리 팀의 주제는?

주제	

3 우리 팀 사전조사 자료 목록

자료	내용
책	
미디어	
논문	
기타	

4 우리 팀 인터뷰 관련 체크리스트

인터뷰 대상	
인터뷰 대상 연락처	
인터뷰 대상 섭외 일정	
인터뷰 질문 ①	
인터뷰 질문 ②	
인터뷰 질문 ③	
인터뷰 질문 ④	
인터뷰 질문 ⑤	

팀별 주제 선정/
현장활동계획서 작성 III

본 장에서는 현장활동계획서 사례를 제시한다.

CHAPTER

06

생각해보기

근대 등산의 발상지라고 할 수 있는 유럽 알프스에서 초등정 시대에 많은 업적을 남긴 유명 등산가들 대부분은 바로 가이드 출신이다. 이처럼 길이 없을 때 길이 되어주고 캄캄할 때 등불이 되어주는 가이드의 역할은 무척 중요하다. 본 장은 현장활동 계획서를 작성하는 데 있어서 목적 및 필요성과 자료 조사 결과, 구체적인 활동 방법, 역할 분담에 이르기까지의 사례를 제시한다. '모방은 가장 안전하고 확실한 혁신이다'라는 어록이 있지만 상호 보완적 혁신은 주어진 기간 내에 목표 달성 확률을 높이고자 각기 다른 방법을 동시에 모색해야 함은 결국 스스로의 몫임을 유념하자.

06 팀별 주제 선정/현장활동계획서 작성Ⅲ

CHAPTER

◉ 현장활동계획서 작성예시 I

본 장에서는 현장활동계획서를 작성하는 데 있어서 목적 및 필요성과 자료 조사 결과, 구체적인 활동 방법, 역할 분담 작성에 대한 예시를 제시한다.

[표 6-1] **현장활동계획서 예시**

수강 학기	2021학년도 1학기	담당교수	권 ○ 교수님
팀 이름	나누미		
팀 구성원	팀장 : 전○우 팀원 : 임○영, 임○모, 장○현, 장○원, 정○정, 전○호		
팀 프로젝트 주제	고양시 알바 연구소		
분야(유형)	지방자치단체 연계		

1. 목적 및 필요성

주제	목적 및 필요성
내용	**1. 기존 현황** (1) 알바천국, 알바몬과 같은 사이트 이용 (2) 사업장에 대한 기본 정보 부족 (3) 집에서 가까운 일자리 구하기 힘듦 (4) 급여 입금이 늦어질 경우 해결까지 시간이 걸림 **2. 현재의 문제점** (1) 회사에 대한 기본 정보 없이 출근 (2) 부당대우가 있을 시 해결이 어려움 (3) 고용노동부에서만 해결 가능

3. 활동의 필요성

(1) 고용주와 구직자가 편안한 마음으로 안정적으로 일할 수 있음

(2) 고용주는 지급 급여의 일정 부분을 포인트로 지급받아 세금을 감면받고, 이로 인해 사업자에게 혜택을 주고 일자리 창출도 할 수 있음

2. 자료조사 결과

주제	2. 자료조사 결과
내용	**1. 문제 해결을 위한 수요자의 노력** (1) 기업 　– 현 상황 　　바쁠 때 단기간으로 아르바이트를 구하고 싶지만, 조건에 맞는 아르바이트생을 구하는 일이 쉽지 않음 　– 해결 노력 　　알바천국 또는 알바몬 같은 고용 일자리 센터를 이용하지만, 이를 모르는 구직자들이 많기 때문에 연계가 쉽지 않음 (2) 구직자 　– 현 상황 　　임금체불을 당하는 경우가 많음 　– 해결 노력 　　고용노동부를 찾아가지만, 해결까지 꽤 오랜 시간이 걸림 (3) 고용노동부/경기도일자리재단 등 　– 현 상황 　　고용노동부나 경기도일자리재단과 같은 기관에서는 청년 일자리 창출을 했을 때 많은 혜택을 주고 있지만, 이마저도 조건에 맞지 않으면 받을 수 없음 　– 해결 노력 　　지속적인 광고나 홍보를 통해 혜택을 알려야 하지만 홍보 부족으로 인해 모르는 사람이 많음 **2. 문제의식과 해결 의지가 있는가?** 환장하는 모델하우스 아르바이트 후기 (ft. 임금체불) Information　　　2021. 3. 26. 22:49 　　　　　　　　　　　　　　　　　　　　　　https://blog.naver.com/soo02hj/222288757805 고용노동부 [Web발신] [고용노동부] ▨▨▨▨ 신청하신 민원 (임금체불 진정서) 이 등록되었습니다.

→ 문제를 해결하려고는 하지만, 빠른 해결이 안 되고 있음

3. 팀 활동 체크
- 노무사 혹은 세무사를 찾아가 현 상황에 대한 것을 질문

3. 구체적인 활동 방법

주제	구체적인 활동 영역, 내용 및 방법
내용	1) '고양시 알바 연구소 사이트' 시제품 제작 '고양시 알바 연구소 사이트'를 간단히 만들거나 시각화하여 인터뷰 및 설문조사를 진행하는 데 활용 2) 인터뷰 질문지 제작 작성한 인터뷰 질문을 바탕으로 인터뷰 질문지를 작성 3) 인터뷰 대상 섭외 및 인터뷰 인터뷰 대상자인 '임금 부당대우를 경험한 적 있는 아르바이트생', '아르바이트를 하고 싶지만 구해지지 않아 걱정인 대학생', '사업자', '고양시 일자리 정책과'에 문의하여 인터뷰 요청 후 인터뷰 진행 → (1) 임금 부당대우를 경험한 적 있는 아르바이트생 - 1~2명 (2) 아르바이트를 하고 싶지만 구해지지 않아 걱정인 대학생 - 1~2명 (3) 사업자 - 제조업, 요식업, 유통업 종사자 - 3명 4) 인터뷰 영상 촬영 5) 인터뷰 결과 취합 및 문서화 인터뷰 결과를 모두 취합하여 이를 문서화 6) 영상 편집 인터뷰 영상을 편집 7) PPT 제작 인터뷰 결과와 편집된 영상 등을 담아 하나의 PPT 자료로 제작 8) '고양시 일자리 정책과'를 방문 편집된 인터뷰 영상 및 인터뷰 결과를 바탕으로 '고양시 일자리 정책과'를 방문하여 현 상황에 대한 의견, 아이디어의 실현 가능성 및 보완이 필요한 부분 등에 대한 피드백 수용 9) 발표 '고양시 일자리 정책과' 방문 내용을 바탕으로 PPT 자료를 수정 후 총정리하여 수업 시간에 발표

4. 역할 분담

역할	담당 팀원
1) 자료조사 　현장활동계획서에 작성에 필요한 자료 검색 　제안한 문제에 대해 고양시가 어떻게 해결하 　고 있는지에 대한 자료 검색 　관련 기관 정보 검색	임○영, 장○현
2) 시제품 제작 　인터뷰 진행을 위해 '고양시 알바 연구소' 사 　이트를 간단히 제작 혹은 시각화	장○원
3) 인터뷰 질문지 제작 　인터뷰 대상자들에게 배부할 인터뷰 질문지 　를 한글 파일로 작성	전○호
4) 인터뷰 대상 섭외 및 인터뷰 　인터뷰 대상자인 '사업자', '아르바이트생', 　'대학생', '고양시 일자리 정책과'를 섭외하여 　인터뷰 진행	(1) '사업자' 인터뷰 : 장○원(섭외), 임○영 　　　(촬영), 전○우(기록) (2) '아르바이트생' 인터뷰 : 정○정(섭외) 　　　,전○호(촬영), 장○현(기록) (3) '대학생' 인터뷰 : 전○우(섭외), 　　　임○모(촬영), 장○현(기록)
5) 인터뷰 영상 촬영 　인터뷰 진행자가 직접 인터뷰 영상 촬영	(1) '사업자' 인터뷰 영상 촬영 : 전○우 (2) '아르바이트생' 인터뷰 영상 촬영 : 　　　전○호 (3) '대학생' 인터뷰 영상 촬영: 임○모
6) 인터뷰 결과 취합 및 문서화 　인터뷰 결과를 취합하여 이를 한글 파일로 문 　서화함	임○모
7) 영상 편집 　인터뷰 영상 편집	전○호
8) PPT 제작 　인터뷰 영상과 결과를 담아 PPT를 제작함	장○원
9) '고양시 일자리 정책과' 인터뷰 　'고양시 일자리 정책과'를 방문하여 PPT를 　보여주며 인터뷰함으로써 아이디어에 대한 　피드백을 받음	장○원
10) 발표 및 총무 　발표 : '고양시 일자리 정책과' 인터뷰 결과 　를 바탕으로 PPT 자료 수정 후 발표	장○원(발표), 전○우(총무)

● 현장활동계획서 작성예시II

본 장에서는 현장활동계획서를 작성하는 데 있어서 인터뷰 질문에 대한 사례를 제공한다. 본 인터뷰 질문은 가설을 기반으로 설정하였다.

5. 인터뷰 질문

인터뷰 대상	1. 사업자 1) 제조업 〈 사업자 공통 질문 〉 1. 고양시 통합 일자리 센터에 가입하셨나요? 2. 통합 일자리 센터가 어떤 일을 하는 곳인지 알고 계시나요? 3. 통합 일자리 센터를 통해 구인을 했던 경험이 있으신가요? 〈 개별 질문 〉 1. 고양시에서 사업을 하시는 데 있어서 가장 어려운 점이 무엇인가요? 2. 직원을 구하는 게 부담스러우신가요? 그렇다면 그 이유는 무엇인가요? 3. 직원 또는 아르바이트생을 구하는 데 있어서 고양시에서 주는 혜택이 있나요? 4. 사업을 하시면서 납부하는 세금의 종류는 어떤 것이 있으며, 그중 제일 부담스러운 세금은 무엇인가요? 5. '고양시 알바 연구소' 사이트가 생긴다면 이용할 의향이 있으신가요? 6. 마지막으로 사업체를 운영하시는 사장님으로서 구직을 하시는 분께 하고 싶은 말씀이 있으신가요? 2) 요식업 〈 사업자 공통 질문 〉 1. 고양시 통합 일자리 센터에 가입하셨나요? 2. 통합 일자리 센터가 어떤 일을 하는 곳인지 알고 계시나요? 3. 통합 일자리 센터를 통해 구인을 했던 경험이 있으신가요? 〈 개별 질문 〉 1. 아르바이트생은 어떤 경로로 구하고 계시나요? 2. 아르바이트생이 주로 하는 일은 무엇인가요? 3. 아르바이트생 고용 후 아르바이트생의 안전을 위하여 어떤 노력을 하고 계시나요? 4. 아르바이트생의 급여는 언제 지급되나요? 5. '고양시 알바 연구소' 사이트가 생긴다면 이용할 의향이 있으신가요? 3) 유통업 〈 사업자 공통 질문 〉 (1) 고양시 통합 일자리 센터에 가입하셨나요?

(2) 통합 일자리 센터가 어떤 일을 하는 곳인지 알고 계시나요?

(3) 통합 일자리 센터를 통해 구인을 했던 경험이 있으신가요?

〈 개별 질문 〉

(1) 코로나19로 폭발적으로 늘고 있는 택배 물량, 특정한 날과 같이 물량이 갑자기 많아질 경우 단기간 아르바이트생을 구해 보려고 한 경험이 있으신가요?

(2) 아르바이트는 어떤 경로로 구하고 계시나요?

(3) 업무 진행 도중 아무 말 없이 근무를 이탈하는 아르바이트 직원이 있었나요? 있었다면 어떻게 대처를 하셨나요?

(4) 사업장과 멀지 않은 곳에서 쉽고 빠르게 아르바이트를 구할 수 있다면 아르바이트생 고용을 지금보다 더 자주 할 의향이 있으신가요?

(5) 아르바이트 비용은 주로 언제 지급되나요?

(6) 아르바이트 학생도 보험 신고를 해주시나요?

2. 임금 부당대우를 경험한 적 있는 아르바이트생

〈 아르바이트생, 대학생 공통 질문 〉

(1) '고양시 통합 일자리 센터'를 알고 계시나요?

(2) 통합 일자리 센터를 이용해본 경험이 있으신가요?

〈 개별 질문 〉

(3) 임금 부당대우를 경험한 적이 있다고 하셨는데 정확히 어떤 부당대우를 경험하셨고, 당시 심정은 어떠셨나요?

(4) 부당대우를 받은 이유는 무엇이라고 생각하시나요?

(5) 부당대우를 받았을 때 어떻게 대처하셨나요?

(6) 부당대우를 경험하고 나서 관련 기관에 신고하신 경험이 있나요? 있다면 그 절차는 어떻게 진행되고, 시간은 얼마나 걸렸나요?

(7) 아르바이트를 하면서 변화했으면 하는 부분이 있었나요? 있다면 무엇인가요?

(8) '고양시 알바 연구소'라는 사이트를 이용할 의향이 있으신가요? 있다면 그 이유는 무엇인가요?

3. 아르바이트를 하고 싶지만 구해지지 않아 걱정인 대학생

〈 아르바이트생, 대학생 공통 질문 〉

(1) '고양시 통합 일자리 센터'를 알고 계시나요?

(2) 통합 일자리 센터를 이용해본 경험이 있으신가요?

〈 개별 질문 〉

(1) 요즘 아르바이트를 구하는 게 힘들다고 하던데, 정말인가요?

(2) 아르바이트를 선택할 때 고려하는 것은 무엇인가요?

(3) '고양시 알바 연구소' 사이트를 이용할 의향이 있으신가요? 있다면 이유는 무엇인가요?

4. 고양시 통합 일자리 센터

(1) 구인 구직자들을 위해 고양시 통합 일자리 센터 홍보를 어떻게 하고 계시나요?

(2) 구인 구직자들에게 사이트 홍보가 어느 정도 되어 있다고 생각하시나요?

(3) 고용주나 구직자들이 직원과 일자리를 구하기 위해 사이트에 구체적으로 어떻게 신청을 해야 하나요?

(4) 고용주나 구직자들이 통합 일자리 센터를 이용하면서 받을 수 있는 혜택이 있나요?

(5) 청년취업 지원 프로그램이 지원된다고 들었는데, 어떠한 프로그램이 있을까요?

(6) 통합 일자리 센터에 '고양시 알바 연구소' 아이디어를 수용하여 구인구직 연계뿐만 아니라 빠른 급여 지급 / 세금 포인트 적립 등 실직적인 도움을 줄 수 있는 플랫폼을 활성화시킬 수 있을까요?

● 현장활동계획서 작성예시Ⅲ

본 장에서는 현장활동계획서를 작성하는 데 있어서 세부 추진계획, 예상되는 문제점 및 대응방안, 기대효과 및 기타 고려해야 할 사항에 대한 사례를 제공한다.

6. 세부 추진계획

주차	9주차	10주차	12주차	13주차
담당 팀원	(1) 시제품 제작 : 장O원 (2) 설문조사지 제작 : 전O호	(1) '사업자'인터뷰 : 장O원(섭외), 임O영(촬영), 전O우(기록) (2) '아르바이트생' 인터뷰 : 정O정(섭외), 전O호(촬영), 장O현(기록) (3) '대학생'인터뷰 : 전O우(섭외), 임O모(촬영), 장O현(기록) → 외부 활동 팀원 : 장O원, 임O영, 전O우, 정O정, 전O호, 임O모, 장O현 (모든 팀원)	(1) 인터뷰 결과 취합 및 문서화 : 임O모 (2) 영상 편집 : 전O호	장O원, 정O정, 임O영 → 외부 활동 팀원 : 장O원, 정O정, 임O영

	모임 시간	X	수업 시간 (9시)	X	수업 시간 (9시)
	장소	X	삼송역	X	삼송역
내용	세부 내용	시제품 및 설문조사지 제작	인터뷰 대상 인터뷰	인터뷰 결과 취합 및 문서화, 영상 편집, PPT 제작	'고양시 일자리 정책과' 방문 후 인터뷰 및 PPT 수정
정기 회의 날짜		매주 토, 일 18시~19시			

7. 예상되는 문제점 및 대응방안

주제	예상되는 문제점 및 대응 방안
내용	1. 현장 활동 시 예상되는 장애 요인 　사업장마다 바쁜 시간이 다르고 사장님이 부재 중일 수 있음 2. 대응을 위한 사전 계획 　사전에 전화로 양해를 구한 후 사업주와 대면 또는 설문지 작성으로 진행

8. 기대효과 및 기타 고려해야 할 사항

주제	기대효과 및 기타 고려해야 할 사항
내용	1. 기대효과 (1) 고용주 　– '고양시 알바 연구소'를 통해 확실히 임금을 줄 의지가 있다는 것을 표현함으로 인해 지급 급여의 일정 부분을 포인트로 받아 추후 세금에서 감면되는 효과가 있음 (2) 고양시 　– 일자리 창출 효과 및 청소년 보호 (3) 구직자 　– 자신이 일한 임금을 고양시로부터 보호를 받게 되어 안정적인 마음으로 업무에 집중할 수 있음

WORK B O O K 06

팀 프로젝트

1 매 주차 수업 시 팀원들과 소통을 하면서 다음과 같은 방식으로 시작한다.

입장	인사하기
구호	우리 팀명 외치기
존재의 확인	이름 말하기
팀원 인터뷰	매 주차별 팀원 1명씩 정해서 인터뷰하기 팀원들은 질문 한 가지씩 진행하기
이번 주 우리의 미션	

2 우리 팀 역할 분담 점검하기

팀원	역할

3 우리 팀 스케줄 점검하기

일정		내용
7주차		
8주차		
9주차		
10주차		
11주차		
12주차		
13주차		
14주차		
15주차		

4 실습기관 정보 및 연락처

기관명	
담당자	
연락처(전화/이메일)	
주소	
미팅 일정 및 방문팀원	
기관의 요구	
계획	
교수 피드백	

현장활동계획서 발표

본 장에서는 현장활동계획서 발표 중요성을 이해
하고, 발표 스킬과 기술에 대해 알아본다.

CHAPTER

07

생각해보기

대부분의 사람들이 많은 청중 앞에서 발표할 때 긴장을 한다. 우리가 발표를 두려워하고 긴장하는 것은 당연한 현상이지만 발표 준비가 제대로 갖춰져 있지 않고, 발표의 기술을 잘 알지 못하기 때문이기도 하다. 그렇다면 어떻게 해야 발표를 하는 과정에서 설득력, 설명력, 창의력, 논리력, 리더십을 발휘할 수 있을까? 결국 정답은 '아는 만큼 보인다'라는 말처럼 우리가 설정한 지역사회 문제해결 아이디어에 대하여 얼만큼 인지하고 있는지가 관건일 것이다. 과연 우리는 우리가 제안한 아이디어에 대해서 자신있게 발표하고 상대를 설득할 수 있을까?

07 현장활동계획서 발표

CHAPTER

● 현장활동계획서 발표의 중요성

현장활동계획서 발표란 각 팀별로 지역사회에 기여하기 위한 구체적인 현장 활동 계획을 알기 쉽게 발표하고, 앞으로의 현장 활동에 필요한 주의사항 및 사전지식을 습득하여 효과적인 현장 활동을 위한 준비 과정이다.

현장활동계획서 발표는 팀 프로젝트 주제에 대한 목적 및 필요성, 자료조사 결과, 구체적인 활동 방법, 역할 분담, 세부 추진계획, 예상되는 문제점 및 대응방안, 기대효과 및 기타 고려해야 할 사항 등으로 구분한다.

발표는 청중들에게 프로젝트의 주제에 대한 활동 방향을 설명하고, 교수자가 현장활동계획의 타당성을 검토해야 하기 때문에 발표 준비를 최대한 꼼꼼하게 해야 한다. 현장활동계획서 발표에 대한 평가기준은 다음과 같다.

[현장활동계획서 발표 평가기준]

구분	평가기준
1	주제(지역사회 문제)가 적절한가?
2	기획한 내용과 활동이 독창적인가?
3	일정이 구체적으로 정리되었는가?
4	조사 및 활동 방법은 타당한가?
5	팀원의 역할은 체계적으로 잘 구성되어 있는가?
6	현장 활동에 필요한 주의사항 및 사전지식을 이해하고 있는가?
7	현장 활동 시 예상되는 장애요인 및 대응방안이 구체적인가?
8	현장 활동을 통한 기대효과가 명확하게 제시되어 있는가?
9	청중이 이해하기 쉽게 전달했는가?

발표자가 현장활동계획서를 발표하면 다음과 같은 체크리스트를 활용하여 점검해 본다.

[현장활동계획서 세부항목]

구분	평가기준	체크리스트
1	주제(지역사회 문제)가 적절한가?	- 지역사회 연계성/시의적절성 - 지역사회 요구 반영 정도
2	기획한 내용과 활동이 독창적인가?	- 아이디어 독창성 - 아이디어의 지역사회 혁신 가능성
3	일정이 구체적으로 정리되었는가?	- 활동계획의 구체성 및 체계성 - 아이디어의 실현 가능성
4	조사 및 활동 방법은 타당한가?	- 연구 자료의 신뢰성 및 검토 수준 - 활동 방법의 타당성
5	팀원의 역할은 체계적으로 잘 구성되어 있는가?	- 역할 배분의 적절성(조정 능력) - 역할 배분의 체계성
6	현장 활동에 필요한 주의사항 및 사전지식을 이해하고 있는가?	- 현장 활동에 대한 이해 정도 - 현장 활동에 대산 유의사항 파악 정도
7	현장 활동 시 예상되는 장애요인 및 대응방안이 구체적인가?	- 현장활동계획의 보완성 - 현장 활동 기획력
8	현장 활동을 통한 기대효과가 명확하게 제시되어 있는가?	- 제안 아이디어의 지속성 - 제안 아이디어의 실효성
9	청중이 이해하기 쉽게 전달했는가?	- 발표 내용의 논리성 및 설득력 - 성의 있는 태도 및 내용 전달력

● 계획서 발표 스킬 및 기술

발표란 자신이 제안한 아이디어에 대한 계획을 청중에게 전달하는 것이다. 발표를 하는 과정에서 설득력, 어휘력, 설명력, 표현력, 창의력, 이해력, 논리력, 리더십 등 여러 가지 능력이 수반된다. 또한 이 능력들이 서로 조화를 이루면서 한데 어우러져야 훌륭한 발표가 될 수 있다. 발표를 잘한다는 것은 조직 생활에서의 필요한 능력을 갖추고 있다는 것이며, 사회가 인정하고 원하는 인재가 될 수 있는 것을 의미한다. 대학생부터 취업준비생, 직장인에게 프레젠테이션 스킬은 필수적인 능력이 되었고, 발표를 할 땐 내용 구성과 디자인까지 완벽히 준비해야 한다. 대부분의 사람들은 많은 청중 앞에서 프레젠테이션 등의 발표를 할 때는 가슴이 뛰기 시작하고 어떻게 말을 시작해야 할지 막막해 한다. 우리가 프레젠테이션과 같은 발표를 두려워하고 긴장하는 것은 발표 준비가 제대로 갖춰져 있지 않고, 발표의 기술을 잘 알지 못하기 때문이다. 그러나 발표의 준비와 발표의 기술은 누구나 노력만 하면 충분히 극복할 수 있고, 발표의 공포에서 벗어날 수 있다. 발표를 잘하기 위해선 첫째, 첫 마디가 중요하다. 옷을 입을 때 첫 단추를 잘 꿰는 것이 중요하듯이 발표도 첫 마디를 어떻게 하느냐에 따라 청중의 반응이 달라진다. 첫 마디는 길게 설명식으로 늘어놓기보다는 의미 있고 함축적인 말로 시작하면 좋다. 둘째, 자신 있게 말해야 한다. 자신 없는 말투와 표정으로 발표를 한다면 비록 내용이 진실되고 정확해도 청중들에게는 어딘가 부족하게 들릴 수 있기 때문에 자신이 전하고자 하는 말을 당당하게 해야 한다. 셋째, 강조가 필요할 때는 강하게 말해야 한다. 발표 시 처음부터 끝까지 톤이나 속도가 일정하다면 청중은 지루해하고 발표 내용의 핵심을 알기 어렵다. 따라서 강조가 필요한 곳이나 중요하다고 생각되는 대목에서는 좀 더 큰 목소리로 힘 있게 말해야 한다.

※ 발표의 핵심 기술

① "목소리는 발표의 핵심이다" 좋은 발성과 발음을 만들어야 한다.
② "제스처를 활용해라" 몸짓·손짓을 적절히 사용해야 한다.
③ "자신감을 가져라" 태도는 당당해야 한다.
④ "대본을 사용해라" 스크립트는 적절하게 이용한다.
⑤ "아는 만큼 보인다" 내용을 확실히 숙지해야 한다.
⑥ "PPT 작성력을 길러라" 시각효과도 중요하다.

※ 발표의 전략

발표의 절차는 글쓰기와 비슷하다. 글쓰기에서는 다듬는 과정이 있지만 말은 일단 입 밖으로 나간 후에는 고칠 수가 없다. 그러므로 철저한 점검과 준비가 필요하며 준비 단계에서 듣는 대상을 정확히 분석해야 한다. 발표 시 고려사항으로 목적의식을 분명히 설정해야 한다. 또한 구체적인 뒷받침 자료들을 보완하여 발표의 기본 골격을 짜야 한다. 여기에 더해 시공간적 제약, 요점과 핵심 부분을 중심으로 생동감 있게 발표해야 한다.

① 듣기의 힘

발표는 발표자가 순차적으로 실행하는 상호작용이다. 이 말은 현장성의 핵심이 발표자와 청중의 교감에 있다는 것을 강조한다. 그런데 이러한 교감은 일종의 정서적 교감에 기초하고 있으며, 교감의 주도권은 발표자에게 있다. 합리적 의사소통 전반에 해당되는 것이지만 특히나 발표에서 귀담아 듣는 것은 무엇보다도 중요하다.

② 준비의 힘

말을 잘하는 사람과 못하는 사람이 있다. 숫기나 성격의 차이를 거론할 수 있지만 사실 핵심적 차이는 준비가 얼마나 충실했는가에 달려 있다. 일반적으로 듣는 사람은 말하는 사람의 15% 안팎만을 전달받는다고 한다. 나머지 85%의 쓸모를 정보 전달이나 의사소통의 여지로 만들기 위해서는 효과적인 이야기꾼이 되어야 한다. 즉, 시나리오가 필요한 것이다. 시나리오는 평소의 준비와 훈련을 통해 갖춰질 수도 있고, 특정한 상황에서 준비를 통해 갖춰질 수도 있다. 평상시 준비는 독서와 토론 등 언어생활을 통해 습관을 기르는 것이 좋다. 구체적인 발표문이나 기획서 등을 통해 훈련하는 것이 더욱 효과적이다.

③ 태도의 힘 : 안정적인 자세

- 보는 사람이 그 사람을 편안하고 안정되게 볼 수 있어야 한다.
- 앉아서 말할 때는 상체를 바로 세우고 바른 자세로 앉는다.
- 서서 청중 앞에서 이야기할 때는 다리를 어깨 넓이로 벌리고 한쪽 다리는 조금 앞으로 내밀며, 상체는 바로 세우고 말한다.
- 시선은 끝에서 앞으로, 좌에서 우로, 대각선으로 천천히 움직이며 청중 전체를 주목시키면 효과적이다.

④ 형식의 힘

바람직한 발표는 발표 후에 듣는 이로 하여금 지적 자극을 주고, 문제제기와 결론이 여운을 남기는 경우다. 참고문헌으로 발표의 근거와 출처를 밝힘으로써 객관성과 신뢰성을 확보한다면 촉발된 논의를 더욱 활성화할 수 있다.

※ 발표에 대한 몇 가지 오해

① 프레젠테이션은 준비한 대로 한다 : 가장 중요한 것은 현장성, 준비한 대로만 하면 상호작용이 일어나지 못한다. 현장에서 생길 수 있는 돌발 상황에 맞출 수 있는 순발력이 가장 필요하다.
② 준비한 것을 읽는다 : 읽으려면 굳이 나와서 발표할 필요가 없다.
③ 준비한 것을 모두 외워야 한다 : 외워서 하다 보면 청중을 보고 있기는 해도 머리 속의 원고를 따라가느라 시선을 정확히 맞추지 못한다.
④ 준비한 원고를 문단별로 나누어 각 문단별 주제어를 순서대로 적어 준비한다 : 주제어를 다시 재구성해서 현장 상황에 맞게 전달한다.
⑤ 청산유수처럼 말을 잘해야 한다 : 조금은 매끄럽지 않더라도 가슴에 남는 진실한 말하기가 필요하다.

본 장에서는 현장활동계획서 발표 중요성을 이해하고, 발표 스킬과 기술에 대해 알아본다.

팀 프로젝트

1 매 주차 수업 시 팀원들과 소통을 하면서 다음과 같은 방식으로 시작한다.

입장	인사하기
구호	우리 팀명 외치기
존재의 확인	이름 말하기
팀원 인터뷰	매 주차별 팀원 1명씩 정해서 인터뷰하기 팀원들은 질문 한 가지씩 진행하기
이번 주 우리의 미션	

2 다른 팀 발표 한줄 피드백

1팀	
2팀	
3팀	
4팀	
5팀	
6팀	
7팀	

3 활동계획서 발표 후 우리 팀 피드백 요약

프로젝트 주제	
실습기관	
목적 및 필요성	
자료조사	
구체적인 활동일정 및 방법	
역할 분담	
예상되는 문제점	
대응방안	
기대효과	
기타 고려사항	

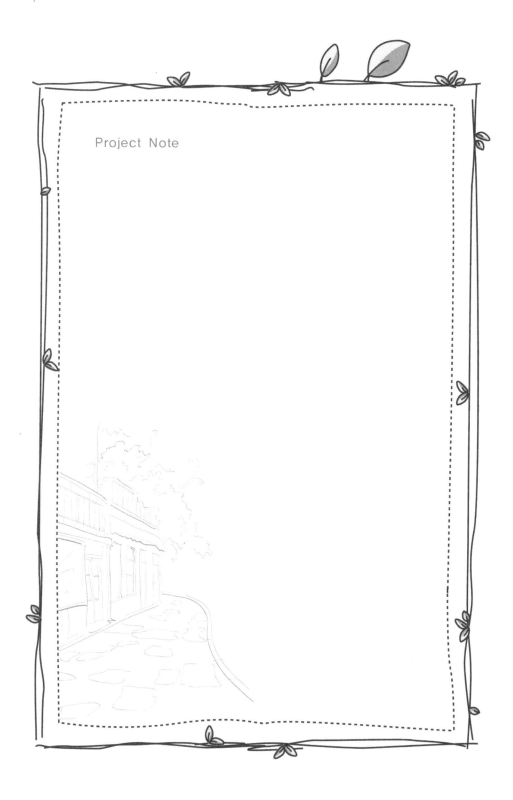

Project Note

사전 교육 안내

본 장에서는 현장 활동을 시작하기 전에 숙지할
내용을 알아보자.

CHAPTER

08

생각해보기

현장 활동이 당신의 삶에 주는 의미는 무엇인가? 당신이 생각한 현장 활동은 고요한 연못에 던진 작은 돌에 비유될 수 있다. 현장 활동의 의미는 돌이 수면을 지나가는 그 짧은 순간에 그칠 수 있다. 하지만 돌이 떨어진 지점에서 번져나가는 파동은 돌이 연못의 바닥에 떨어진 뒤에도 계속 살아서 밖으로 퍼질 수 있다. 당신이 선택한 현장 활동은 당신의 삶의 터전에 수년 혹은 수십 년에 걸쳐 영향을 미칠 수도 있다. 다시금 스스로에게 물어보자. 당신이 사는 지역에 어떻게 영향을 남기고 싶은가? 이것이 바로 현장 활동의 의미이자, 가치이다.

08
CHAPTER
사전 교육 안내

➡ 현장 활동 체크리스트

구분	평가기준
1	주제(지역사회 문제)가 명확한가?
2	기획한 내용과 활동이 지역사회에 도움이 되는가?
3	일정에 무리가 없는가?
4	조사 및 활동 방법을 충분히 숙지했는가?
5	각 팀원의 역할을 구체적으로 제시하였는가?
6	현장 활동에 필요한 주의사항 및 사전지식을 확인했는가?
7	현장 활동 시 예상되는 장애요인 및 대응 방안을 설명할 수 있는가?
8	현장 활동을 통한 기대효과를 제시할 수 있는가?
9	방문하려는 현장에 대해 사전에 충분히 조사했는가?

➡ 현장 조사 가이드라인

① 성실하고 정확한 조사가 중요하다

현장 참여관찰, 이해관계자·전문가·공무원 심층인터뷰, 설문조사 등 다양한 방면에 걸친 대안에 대한 의견수렴이 중요함을 강조한다. 이 과정에서 발품을 판 만큼 정책의 효과에 대한 다양한 평가와 다양한 정책수단 발굴이 가능하다는 점을 주지할 필요가 있다. 따라서 한쪽의 의견만 듣고 일반화의 오류를

범하는 일이 없도록 할 것을 강조해야 한다.

② 충실한 조사방법을 따르는 것이 중요하다

문헌조사를 통한 선행연구의 폭넓은 조사를 통해 가설을 수립하고, 사전조사를 통해 해당 주제에 대한 시민들의 기본적 인식과 대안에 대한 기본적인 지식을 습득해야 한다.

③ 조사를 통해 현실가능성을 점검하는 것이 중요하다

사전조사의 결과를 바탕으로 1차적인 소셜픽션을 진행하여 대략적인 개선방안을 마련하고 주요 이해관계자, 전문가, 공무원을 대상으로 심층 인터뷰를 진행하여 현실가능성을 점검한다. 이후 현장에서의 필요를 기반으로 한 발전방안을 모색하는데, 이 과정에서 물리적, 비물리적인 대안에 대한 2차 소셜픽션을 진행하여 보완한다.

④ 다양한 이해 관계자들의 도움을 받는 것이 중요하다

인터뷰 대상 섭외 및 대안에 대한 타당성 검토 등에 도움을 받도록 한다. 공무원, 시민단체 활동가 등 인터뷰 시 지도교수의 사전 협조 요청 및 구체적 질문사항 등에 대한 지도를 받아야 한다.

구체적 질문을 통하여 보다 구체적 답변을 얻을 수 있음을 주지시키고 전 과정에 지도교수의 지도를 받도록 하여 현장 조사의 정합성을 높여야 한다.

➔ 사전교육 안내

■ 유의사항

- 중부대학교의 학생이면서 지역의 구성원임을 명심한다.
- 학생으로서의 자각을 깊게 하고 항상 민주시민으로서의 품성을 갖추도록

노력한다.

- 법규와 기관 방침에 순응하고 열심히 자기 책무를 다하도록 노력한다.
- 현장 연구를 통해서 혁신가로서 항시 능동적으로 찾아 연구하는 자세로 근무해야 한다.
- 현장 연구 중에 다른 사람들로부터 주어지는 비판을 올바로 받아들여 자기 향상을 위해서 노력하고자 하는 결의를 분명히 갖추어야 한다.
- 현장 연구 중에 연구하고자 하는 문제를 미리 설정하여 두고 임하게 되면 더욱 보람 있는 현장 활동이 될 수 있다.
- 학생과 지역주민으로서 품위 있는 복장에 유념하여야 한다.

■ 예절

- 지역 주민과 기관의 구성원 상호 간에 존댓말을 사용하여야 한다.
- 서로 만날 때는 인사를 교환한다.
- 인간관계, 예절 생활에 유의하고 항상 중부인으로서의 품위를 지켜 나가도록 한다.
- 배우는 학생으로서 가르침을 주는 지역 구성인을 존중하고 예우한다.
- 기관은 구내 전체가 금연구역으로 흡연할 수 없다.

■ 준비 사항

- 연구 대상 및 지역과 기관이 선정되면 곧 그 지역에 대한 다음 사항들을 미리 알아두도록 한다.
  ① 지역명, 소재지, 기관의 전화번호, 기관의 교통로, 홈페이지 주소
  ② 기관의 연혁
  ③ 기관의 현황, 직원 수, 부서 수, 기관장 및 구성원의 성명
  ④ 기관 소재지의 주민(직업, 생활수준, 교육적 관심도, 지방 풍습)
  ⑤ 기관의 환경(지역주민, 일반인, 문화 시설, 오락 기관, 기타 공공 기관)

⑥ 기관에 대한 평판(지역주민, 일반인 등)

⑦ 기관 직원들의 일반적인 풍조(복장, 학습, 운동 등)

⑧ 당해 기관에 근무하는 지인, 선배, 기타 소개를 받을 만한 사람

⑨ 기관의 일과 시간표

⑩ 직원의 생활 상태 및 당해 기관 고유의 문화

- 용의와 복장을 단정히 하고 메모도구, 녹음기, 기록물 및 필기용구 등 기타 필수 휴대품을 미리 준비하도록 한다.

■ 면담 시 유의사항

① 신뢰 조성이 최우선적으로 중요하다. 획득한 정보를 다른 목적에는 사용하지 않고 수업에만 사용하고, 학기 말 리포트 작성 외에 사용하지 않는다는 것을 강조한다.

② 현장 참여관찰을 하는 자신을 잘 소개해야 한다. 거만하지 않고, 도와주기 바란다는 태도가 필요하다.

③ 현장에서 가능한 한 많은 정보를 수집해야 한다. 현장에서는 중요한 것, 아닌 것을 판단하기 어렵기 때문에 최대한 많은 정보와 팸플릿 수집이 필요하다. 현장 관찰은 결론을 확신하고 접근할 수 없으며, 시간이 지나면 정보 수집이 매우 어려워진다.

④ 일정 확정 시 처음 약속을 짧게, 일정을 너무 빠듯하게 잡지 않도록 해야 한다. 특히 준비해 간 것과 다른 것이 발생할 수 있기에 상황에 적응할 수 있어야 한다.

⑤ 기억력에 의존하지 말고 키워드 중심으로 메모하는 것이 좋다. 녹음을 하는 경우 거의 모두가 동의하지 않기 때문에 피하는 것이 좋다.

⑥ 질문하고 인터뷰 시에는 심문 조가 되지 않도록 해야 하며, 반박, 논쟁은 금물이다. 중립성과 객관성을 유지해야 한다.

⑦ 자신은 적게 얘기하고 상대방이 많이 얘기하도록 배려해야 한다.

본 장에서는 현장 활동 PBL 개념을 이해하고, 현장 활동 평가모형을 분석해본다.

팀 프로젝트

1 매 주차 수업 시 팀원들과 소통을 하면서 다음과 같은 방식으로 시작한다.

입장	인사하기
구호	우리 팀명 외치기
존재의 확인	이름 말하기
팀원 인터뷰	매 주차별 팀원 1명씩 정해서 인터뷰하기 팀원들은 질문 한 가지씩 진행하기
이번 주 우리의 미션	

2 팀워크

① 다음 영상을 시청하고 느낀 점을 써보기

– 팀워크에 해당하는 영상 고르기

– "함께 할 때 힘을 낼 수 있다"는 협력과 협동의 의미 부여하기

② 다음 빈 칸에 알맞은 말을 넣어 문장을 완성하면서 팀워크, 협력, 협동의 의미를 생각해 보자.

> 협력이란? (   )이다.
>
> 왜냐하면? (   )이기 때문이다.

(예시)

> • 협력이란 무지개이다. 여러 색이 합쳐져서 무지개가 완성되기 때문이다.
>
> • 협력이란 사랑이다. 사랑하면 도와주기 때문이다.
>
> • 협력이란 피아노이다. 여러 음으로 이루어진 건반으로 소리를 내면 아름답기 때문이다.
>
> • 협력이란 음식이다. 삶에서 꼭 필요한 것이기 때문이다.
>
> • 협력이란 함께 할수록 아름다운 것이다. 많은 사람이 힘을 합하면 더 좋은 결과가 나오기 때문이다.
>
> • 협력이란 (   )이다.

3 활동계획서 작성 시 우리 팀의 팀워크는?

앞으로 우리 팀, 이런 다짐!

4 현장 활동을 위한 사전 체크 포인트

① 기관 실습/방문시 복장, 태도 등

② 봉사 대상자 만남 시 유의사항

③ 시간 엄수(지각, 결석 등), 준비물 준비 철저히!

④ 세부 프로그램 기관 담당자에게 사전 전달 및 확인

⑤ 팀원 간 성찰일지, 사진 촬영 등 준비사항 체크

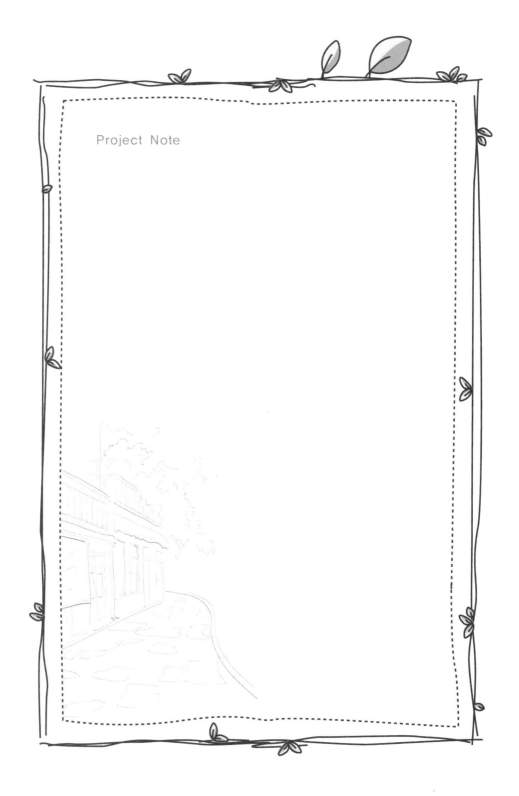

Project Note

현장 활동 사례 I

본 장에서는 현장 활동에 필요한 주제 분석,
아이디어 도출, 실행 방안에 대해 알아본다.

CHAPTER

09

생각해보기

신종 코로나바이러스 감염증(코로나19) 영향으로 인해 일자리 창출이 어려워지고 임금 체불과 주휴수당 미지급과 같은 부당한 처우 사례가 늘어나고 있다. 임금 부당대우 문제를 근절할 수 있는 현실적인 방안을 마련해 볼 수 있을까? 고용주는 지급 급여의 일정 부분을 포인트로 지급받아 세금을 감면받고, 구직자는 편안한 마음으로 일할 수 있는 방안을 생각해 보자.

09 현장 활동 사례 I

CHAPTER

● 문제해결 1단계(문제 인식, 주제 선정)

고양캠퍼스에서 '고양시 알바 연구소' 주제로 활동을 수행한 '나누미' 팀의 사례를 살펴보자. 본 사례 분석을 위해 고양시 지역사회 문제 해결의 단계별 학습과정을 통해 대학-기관-지역사회가 함께 성장하고, 공동체의 가치를 만들어가기 위한 문제 발굴 체계를 구축·분석하였다. 체계 구축 모델의 주요 특징으로 문제기반학습(Problem Based Learning)을 통한 새로운 교육 모델을 선도하여 지역사회에 공헌하는 인재를 양성하고자 하였고, 학습자는 배움과 나눔의 실현을 통한 사회참여와 올바른 시민의식 형성, 경험적 성찰과 경력개발, 지식의 활용과 심화, 셀프 리더십과 자기효능감을 증진하고자 하였다. 이를 통해 다양한 지역사회 문제를 발굴하고자 하였으며, 지역사회의 지속 가능한 발전 목표를 제시하고자 하였다.

고양시 실태조사를 위해 첫째, 환경 분석 및 이슈를 도출하였다. 환경 분석은 인터넷 조사, 문헌조사 등의 방법을 통해 얻은 자료를 토대로 PEST(정책적, 경제적, 사회적, 기술적) 분석, 고양시 지역 분석, 타 지역 리빙랩 사례 분석 등의 절차로 진행되며, 시사점을 도출하여 이를 아이디어 개발에 활용하고자 한다.

둘째, 수요자·전문가 인터뷰를 통해 이해관계자 니즈(Needs)분석을 실시하였으며, 인터뷰는 2021년 04월 27일, 04월 28일, 05월 4일, 05월 25일, 05월 26일 중 대면·서면을 통해 진행하였다. 한편, 고양시는 일자리 창출을 위해 고양시 일자리 통합정보 플랫폼을 통해 채용, 일자리 지원사업 등 다양한 노력을 하고 있으나 고용률이 감소하고 실업률이 증가하고 있다. 또한 코로나19 영향으로 인해 아르바이트생의 임금 부당대우 문제가 발생되고 있어 이를 해결하기 위한 대안책 마련도 필요한 실정이다. 물론 고양시 비정규직 노동자 지원센터와 고양시 노동 권익센터 운영 등을 통해 노동 및 심리 상담을 위한 노력도 진행하고 있지만 보다 현실적인 대응 방안이 필요하다고 판단되어 '고양시 알바 연구소' 플랫폼을 개발하고자 하였다. 본 프로젝트의 구체적인 문제 해결 1단계 과정은 다음과 같다.

[표 9-1] 문제 해결 1단계 : 문제 인식 및 주제 선정

아이디어 개발 단계		내용
1	목적 및 필요성	• **기존 현황** 　– 알바천국, 알바몬과 같은 사이트 이용 　– 업장에 대한 기본 정보 부족 　– 집에서 가까운 일자리 구하기 힘듦 　– 급여 입금이 늦어질 경우 해결까지 시간이 걸림 • **현재의 문제점** 　– 회사에 대한 기본 정보 없이 출근 　– 부당대우가 있을 시 해결이 어려움 　– 고용노동부에서만 해결 가능 • **프로젝트 추진 필요성** 　– 고용주와 구직자가 편안한 마음으로 안정적으로 일할 수 있음 　– 고용주는 지급 급여의 일정 부분을 포인트로 지급받아 세금을 감면받고, 이로 인해 사업자에게 혜택을 주고 일자리 창출도 할 수 있음
2	자료 조사 결과	• **문제 해결을 위한 수요자의 노력** 　– **(기업)** 바쁠 때 단기간으로 아르바이트를 구하고 싶지만, 조건에 맞는 아르바이트생을 구하는 일이 쉽지 않음 　– **(기업)** 알바천국 또는 알바몬 같은 고용 일자리 센터를 이용하지만, 이를 모르는 구직자들이 많기 때문에 연계가 쉽지 않음 　– **(구직자)** 임금체불을 당하는 경우가 많아 고용 노동부를 찾아가지만, 해결까지 꽤 오랜 시간이 걸림 　– **(통합일자리센터)** 지속적인 광고를 통해 알려야 하지만 홍보 부족으로 인해 모르는 지역민들이 많음

현장 활동은 사전에 작성한 현장활동계획서에 나와 있는 역할 분담과 세부 추진 일정에 따라 추진하는 것이 좋다. 본 장에서는 '고양시 알바 연구소'라는 팀 프로젝트 사례를 통해 문제 해결 과정을 알아보고자 한다. 문제해결 1단계에서는 우리가 설정한 주제가 적합한지 현장에 나가서 현안을 살피는 활동팀과 아이디어를 검증하기 전 프로토타입을 설계하는 설문팀으로 구분하여 진행하는 것이 효과적이다. 프로토타입 설계를 통해 지역민과의 소통, 이해관계자들 간의 보완 사항들에 대한 의견 제시 등 상호 이해 증진을 산출할 수 있다.

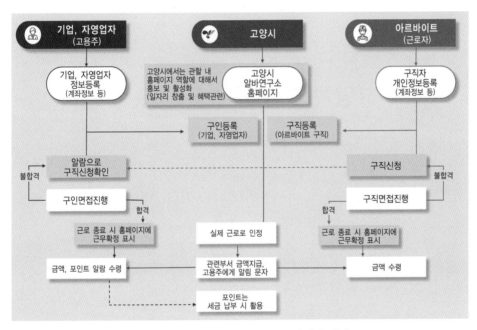

〈그림 9-1〉 초기 수준의 프로토타이핑 예시

프로토타입은 가장 쉽게 직접 용지에 손으로 그려서 나타내거나, UI/UX의 초기 수준을 표현할 수도 있으며, 디자인, 인터랙션 및 UX가 모두 포함된 형태로 구성할 수도 있다. 또한, 프로토타입은 사용자의 니즈를 구체적으로 파악하고, 적극적인 의견을 이끌어내기 위한 효과적인 도구로 활용 가능하다.

➜ 문제해결 2단계(아이디어 구체화)

다음 문제해결 2단계에서는 최소한의 노력으로 최소요건제품(MVP)을 제작한 후 그에 대한 인터뷰 질문지를 작성한다. 모든 아이디어는 단번에 나올 수 없고, 실제 현장에 나가서 검증을 거쳐 순차적으로 만들어가야 한다. 그에 따라 인터뷰 질문지를 제작하고, 인터뷰를 진행한다. 본 프로젝트의 구체적인 문제 해결 2단계 과정을 수행하기 위해 다음과 같이 최소요건제품(MVP)을 설계하였다.

〈그림 9-2〉 최소요건제품(MVP) 예시

위 그림은 실제 알고리즘을 설정 후 홈페이지를 제작한 형태의 산출물이다.

➜ 문제해결 3단계(실행, 결과)

문제해결 3단계에서는 프로토타입과 MVP(최소기능제품)를 가지고 인터뷰를 진행하게 되며, 이를 통해 사용자의 다양한 아이디어를 구할 수 있게 된다. 현장활동 시 현장팀은 아이디어 및 프로토타입/MVP에 대한 설명 후 인터뷰를

진행하면 된다. 가설에 따른 인터뷰 질문지와 그에 대한 실행 결과는 다음과
같다.

[표 9-2] 문제 해결 3단계 : 실행 및 결과

실행 및 결과 단계		내용
1	인터뷰 요약서 (공통 질문)	• 사업자(제조업, 요식업, 유통업) 질문 – 고양시 통합 일자리 센터에 가입하셨나요? – 통합 일자리 센터가 어떤 일을 하는 곳인지 알고 계시나요? – 통합 일자리 센터를 통해 구인을 했던 경험이 있으신가요?

2	인터뷰
	요약서
	(개별 질문)
		• 제조업 질문
		– 고양시에서 사업을 하시는 데 있어서 가장 어려운 점이 무엇인가요?
		  직원을 구하는 게 부담스러우신가요? 그렇다면 그 이유는 무엇인가요?
		– 직원 또는 아르바이트생을 구하는 데 있어서 고양시에서 주는 혜택이
		  있나요?
		– 사업을 하시면서 납부하는 세금의 종류는 어떤 것이 있으며, 그중 제일
		  부담스러운 세금은 무엇인가요?
		– '고양시 알바 연구소' 사이트가 생긴다면 이용할 의향이 있으신가요?
		– 마지막으로 사업체를 운영하시는 사장님으로서 구직을 하시는 분께 하
		  고 싶은 말씀이 있으신가요?
		
		• 요식업 질문
		– 고양아르바이트생은 어떤 경로로 구하고 계시나요?
		– 아르바이트생이 주로 하는 일은 무엇인가요?
		– 아르바이트생 고용 후 아르바이트생의 안전을 위하여 어떤 노력을 하고
		  계시나요?
		– 아르바이트생의 급여는 언제 지급되나요?
		– '고양시 알바 연구소' 사이트가 생긴다면 이용할 의향이 있으신가요?
		
		• 유통업 질문
		– 코로나19로 폭발적으로 늘고 있는 택배 물량, 특정한 날과 같이 물량이
		  갑자기 많아질 경우 단기간 아르바이트생을 구해 보려고 한 경험이 있
		  으신가요?
		– 아르바이트는 어떤 경로로 구하고 계시나요?
		– 업무 진행 도중 아무 말 없이 근무를 이탈하는 아르바이트 직원이 있었
		  나요? 있었다면 어떻게 대처를 하셨나요?
		– 사업장과 멀지 않은 곳에서 쉽고 빠르게 아르바이트를 구할 수 있다면
		  아르바이트생 고용을 지금보다 더 자주 할 의향이 있으신가요?
		– 아르바이트 비용은 주로 언제 지급되나요?
		– 아르바이트 학생도 보험 신고를 해주시나요?

- 임금 부당대우를 경험한 적 있는 아르바이트생 질문
  - '고양시 통합 일자리 센터'를 알고 계시나요?
  - 통합 일자리 센터를 이용해본 경험이 있으신가요?
  - 임금 부당대우를 경험한 적이 있다고 하셨는데 정확히 어떤 부당대우를 경험하셨고, 당시 심정은 어떠셨나요?
  - 부당대우를 받은 이유는 무엇이라고 생각하시나요?
  - 부당대우를 받았을 때 어떻게 대처하셨나요?
  - 부당대우를 경험하고 나서 관련 기관에 신고하신 경험이 있나요? 있다면 그 절차는 어떻게 진행되고, 시간은 얼마나 걸렸나요?
  - 아르바이트를 하면서 변화했으면 하는 부분이 있었나요? 있다면 무엇인가요?
  - '고양시 알바 연구소'라는 사이트를 이용할 의향이 있으신가요? 있다면 그 이유는 무엇인가요?

- 아르바이트가 구해지지 않아 걱정인 대학생
  - '고양시 통합 일자리 센터'를 알고 계시나요?
  - 통합 일자리 센터를 이용해본 경험이 있으신가요?
  - 요즘 아르바이트를 구하는 게 힘들다고 하던데, 정말인가요?
  - 아르바이트를 선택할 때 고려하는 것은 무엇인가요?
  - '고양시 알바 연구소' 사이트를 이용할 의향이 있으신가요? 있다면 이유는 무엇인가요?

- 고양시 통합 일자리센터 질문
  - 구인 구직자들을 위해 고양시 통합 일자리 센터 홍보를 어떻게 하고 계시나요?
  - 구인 구직자들에게 사이트 홍보가 어느 정도 되어 있다고 생각하시나요?
  - 고용주나 구직자들이 직원과 일자리를 구하기 위해 사이트에 구체적으로 어떻게 신청을 해야 하나요?
  - 고용주나 구직자들이 통합 일자리 센터를 이용하면서 받을 수 있는 혜택이 있나요?
  - 청년취업 지원 프로그램이 지원된다고 들었는데, 어떠한 프로그램이 있을까요?
  - 통합 일자리 센터에 '고양시 알바 연구소' 아이디어를 수용하여 구인구직 연계뿐만 아니라 빠른 급여 지급/세금 포인트 적립 등 실직적인 도움을 줄 수 있는 플랫폼을 활성화시킬 수 있을까요?

| 3 | 설문 조사 결과 (요약) | • (제조업 종사자)
(1) 고양시 통합 일자리 센터를 알고 있는가?
 - 잘 모르고, 이곳을 통해 구인을 해본 경험이 없음
(2) 제조업에서 아르바이트생을 많이 필요로 하는가? 그리고 아르바이트생은 주로 어떤 일을 맡고 있는가? |

    – 많이 필요로 하며, 아르바이트생이 하는 일은 기술자가 하는 일을 제외한 여러 가지 업무임

(3) 기존 플랫폼을 통해 아르바이트생을 구하는 데 있어서 아쉬운 점은 무엇인가?

    – 사업장과 가까운 곳에 거주하는 아르바이트생을 구하고 싶은데, 멀리서 오는 경우가 많아 부담스러움

(4) 직원이나 아르바이트생을 구할 때, 고양시에서 주는 혜택이 있는가?

    – 없음. 있다고 해도 조건이 까다로워 그마저도받을 수 없음

(5) 고양시 알바 연구소 사이트에서 '포인트' 지급을 어떻게 하면 좋겠다고 생각하는가?

    – 지급 급여의 3% 정도를 지역 화폐로 충전하면 좋을 것 같음

• **(요식업 종사자)**

(1) 고양시 통합 일자리 센터를 알고 있는가?

    – 잘 모르고 이곳을 통해 구인을 해본 경험도 없음

(2) 기존 플랫폼을 통해 아르바이트생을 구하는 데 있어서 아쉬운 점은 무엇인가?

    – 가까운 곳에서 인력을 구할 수 없는 점이 아쉽고, 종종 먼 곳에서 아르바이트생들이 오려고 하는 경우가 있는데, 오기로 한 날짜에 오지 않을까 봐 불안감을 느낌

(3) 고양시 알바 연구소 사이트가 생긴다면, 이용할 의향이 있는가?

    – 현재 수수료를 내며 아르바이트생을 모집하고 있기 때문에 수수료가 없다면 사업장에 맞는 아르바이트생을 구해서 쓰고 싶음

    – 포인트 적립이나 지역 화폐 사용이 가능하다면 적극 활용할 것 같음

• **(임금 부당대우 경험이 있는 아르바이트생)**

(1) 고양시 통합 일자리 센터를 알고 있는가?

    – 모름

(2) 어떤 임금 부당대우를 경험했는가?

    – 연장 근무에 대한 임금을 추가적으로 지급해 주지 않았음

    – 급여를 받기로 한 날짜에 받지 못했음

(3) 부당대우를 받았을 때 어떻게 대처했는가?

    – 일을 그만두었음

    – 고용주에게 연락하여 독촉하였음

(4) 부당대우 경험 후 관련 기관에 신고한 경험이 있는가?

    – 고용노동부에 신고했지만 빠른 해결이 되지 않았음

    – 신고하는 경로가 까다로워 신고하지 않은 경우가 많음

• **(아르바이트가 구해지지 않아 걱정인 대학생)**

(1) '고양시 통합 일자리센터'를 알고 있는가?

    – '일자리 정보를 제공하는 센터'라고만 알고 있음

(2) 아르바이트를 구하는 게 힘들다고 하던데, 사실인가?

		– 코로나19의 영향으로 아르바이트를 구하는 곳이 줄었음
		(3) 고양시 알바 연구소 사이트를 이용할 의향이 있는가?
		– 기존의 구인구직 애플리케이션으로 아르바이트를 구하는 것이 한계가 있음
		– 사이트 이용이 편리하다면 이용할 의향이 있음
		• **(노무사 인터뷰)**
		(1) 노무사가 하는 일은 무엇인가?
		– 노동자의 권리 구제 및 기업 대상 인사 노무관리에 대한 자문
		(2) 임금 부당대우 때문에 찾아오는 경우가 많은가?
		– 많음
		(3) 부당대우 신고 시 급여를 받는 경우가 많은가?
		– 임금 체불이 있는 경우, 신고한다면 못 받은 임금을 받을 수 있음
		(4) 부당대우 신고 시 신고 비용은 어느 정도 책정이 되어 있는가?
		– 정확한 금액은 사건과 노무법인에 따라 달라지기 때문에 확인하기 힘듦
		(5) 부당대우 신고 시 진행 과정은 어느 정도 소요되는가?
		– 임금 체불 건의 경우 최소 2개월~4개월 정도 소요되며, 부당 해고 건은 3개월~6개월 정도 소요됨
4	활동을 통해 느낀 점	• "아르바이트생 고용 경험이 있는 사업자, 임금 부당대우 경험이 있는 아르바이트생, 아르바이트를 구하지 못하고 있는 대학생 등 여러 대상자들과의 인터뷰 및 설문조사를 통해 이들 모두 각자의 고충이 있으며, 어떤 아이디어가 실현되기 위해서는 어느 한 대상자만 만족시켜서 될 것이 아니라, 그 아이디어를 사용하는 모든 대상자를 만족시켜야 함을 알게 되었다."

〈그림 9-3〉 인터뷰 진행

또한, 제작팀은 가설에 따른 인터뷰 질문지 제작, 온라인 설문지를 배포하여 진행하면 더욱 빠르게 결과를 취합 및 분석할 수 있다.

〈그림 9-4〉 온라인 설문

현장의 결과물들을 취합하여 핵심 인사이트를 추출하고, 최종적인 아이디어가 나올 때까지 반복하면 어느 순간 최종 결과물이 도출된다. 그 외 후속 업무로 영상 편집, PPT 제작, 발표 등은 역할 분담에 따라 진행하면 된다.

WORKBOOK **09**

본 장에서는 기관 담당자의 면담에 필요한 예상 질문을 알아보고 현장 활동 성찰 일지를 작성해 보고자 한다.

팀 프로젝트

1 매 주차 수업 시 팀원들과 소통을 하면서 다음과 같은 방식으로 시작한다.

팀원 인터뷰	매 주차별 팀원 1명씩 정해서 인터뷰하기 팀원들은 질문 한 가지씩 진행하기
이번 주 우리의 미션	

2 기관 담당자 인터뷰 Q&A

①	현재 어떤 일을 하고 계신가요?
②	일을 하면서 보람된 점은 무엇인가요?
③	일을 하면서 어려운 점은 무엇인가요?
④	JB지역사랑프로젝트 관련, 이 프로젝트의 혁신 포인트는?
⑤	봉사 프로그램 세부계획 의견은?
⑥	대학생 지역사회 봉사/프로젝트에 대한 의견은?
⑦	기타 (조언, 계획 등)

3 성찰일지 작성하기

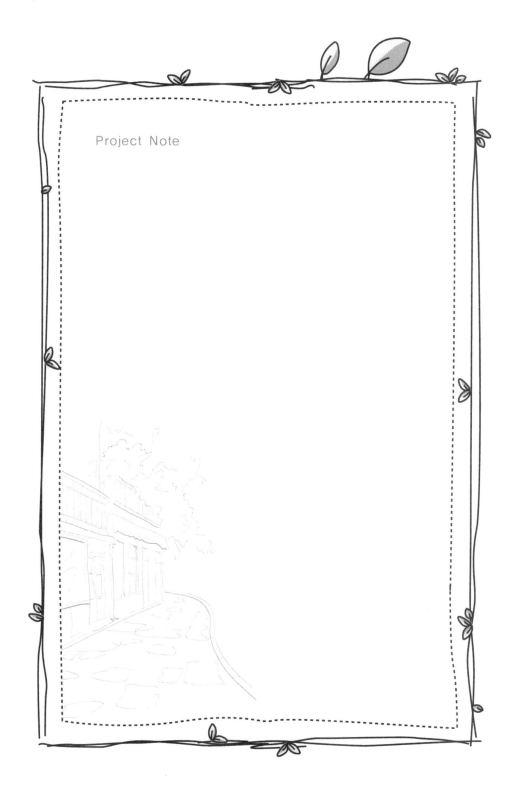

Project Note

현장 활동 사례 Ⅱ

본 장에서는 현장 활동에 필요한 주제 분석,
아이디어 도출, 실행 방안에 대해 알아본다.

CHAPTER

10

생각해보기

전체 청소년의 성인용 영상물 이용률이 37.4%로 2018년 39.4% 대비 감소했지만, 초등학생의 이용률은 19.6%에서 지난해 33.8%로 크게 늘어난 것으로 확인되었다. 유튜브 같은 영상 매체를 통해 편한 시간에 좋아하는 프로그램을 찾아서 소비하는 경향이 증가했고, 코로나19로 인해 미디어 접촉의 증가로 초등생 영상물 이용 폭을 넓힌 게 주요 원인이다. 아동·청소년들의 유해매체를 예방하기 위한 방법에 대해 생각해보자.

10 현장 활동 사례 II
CHAPTER

➔ 문제해결 1단계(문제 인식, 주제 선정)

고양캠퍼스에서 '아동·청소년 유해매체 근절 캠페인'이라는 주제로 활동을 수행한 14분반 4조의 사례를 살펴보자.

14분반 4조는 최근 코로나 사태로 인한 온라인 비대면 수업 전환 및 스마트폰 보급률이 높아지고 있는 상황에서 어린 나이에 스마트폰 중독에 빠지거나 유해 매체에 노출되는 청소년이 늘어나고 있는 점을 주목하였다.

특히 이러한 사태를 미연에 방지하고, 더 많은 사람들에게 유해매체를 근절 할 수 있는 다양한 방법을 알리고자 본 프로젝트를 계획하였다.

이에 14분반 4조는 아동·청소년 매체 이용 및 유해환경 실태조사를 실시하였다. 이를 통해 전체 청소년의 성인 영상물 이용률이 37.4%로 2018년 39.4% 대비 감소했지만, 초등학생의 이용률은 2018년 19.6%에서 지난해 33.8%로 크게 늘어난 것으로 확인하였다. 특히 유튜브 같은 영상 매체를 통해 편한 시간에 좋아하는 프로그램을 찾아서 소비하는 경향이 증가했고, 코로나19로 인해 미디어 접촉의 증가로 초등생 영상물 이용 폭을 넓힌 게 주요 원인임을 파악했다.

학생들은 '아동·청소년 유해매체 근절 캠페인'라는 팀 프로젝트 주제를 통해 설문팀과 제작팀으로 구분하여 다양한 활동을 진행하였고, 다음과 같은 문제 해결 3단계 과정을 고려하였다. 문제해결 1단계에서는 프로토타입 설계를 통해 아동, 청소년과 보호자들에게 유해매체를 알리고 대응방안을 홍보하기 위한 프로토타입 및 MVP(최소기능제품)를 제작하였다.

〈그림 10-1〉 초기 수준의 프로토타이핑 예시

프로토타입은 가장 쉽게 직접 용지에 손으로 그려서 나타내거나, UI/UX의 초기 수준을 표현할 수도 있으며, 디자인, 인터랙션 및 UX가 모두 포함된 형태로 구성할 수도 있다. 프로토타입은 사용자의 니즈를 구체적으로 파악하고, 적극적인 의견을 이끌어내기 위한 효과적인 도구인 것이 특징이다.

➲ 문제해결 2단계(아이디어 구체화)

다음 문제해결 2단계에서는 좀 더 구체화된 최소요건제품(MVP)을 제작한 후 그에 대한 인터뷰 질문지를 작성한다. 모든 아이디어는 단빈에 나올 수 없고, 실제 현장에 나가서 검증을 거쳐 순차적으로 만들어가야 한다. 그에 따라 인터뷰 질문지를 제작하고, 인터뷰를 진행한다. 본 프로젝트의 구체적인 문제해결 2단계 과정을 수행하기 위해 다음과 같이 최소요건제품(MVP)을 설계하였다.

〈그림 10-2〉 최소요건제품(MVP) 예시

➜ 문제해결 3단계(실행, 결과)

문제해결 3단계에서는 프로토타입과 MVP(최소기능제품)를 가지고 인터뷰를 진행하게 되며, 이를 통해 사용자의 다양한 아이디어를 구할 수 있게 된다. 현장활동 시 현장팀은 아이디어 및 프로토타입/MVP를 설명한 인터뷰를 진행하면 된다.

〈그림 10-3〉 최종 활동 결과

또한, 제작팀은 가설에 따른 인터뷰 질문지 제작, 설문지를 배포하여 2차 설문을 실시하였으며, 그 결과는 다음과 같다.

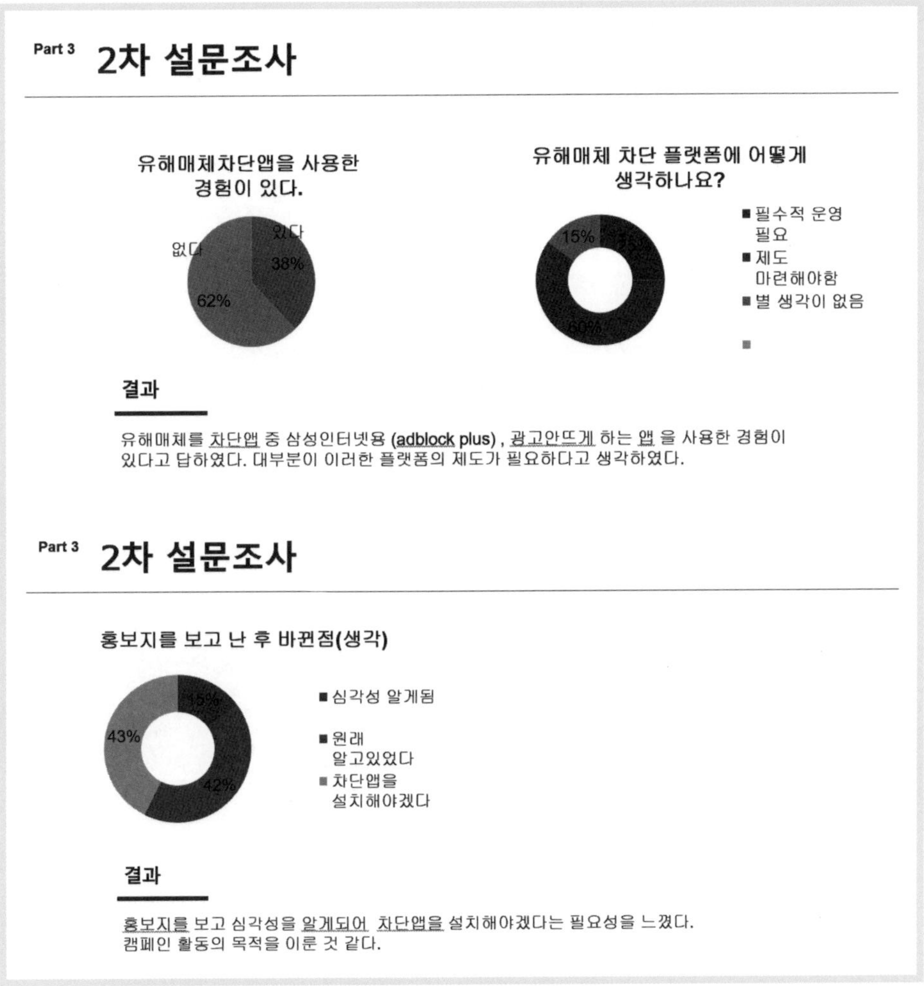

Part 3 **2차 설문조사**

유해매체차단앱을 사용한
경험이 있다.

없다
62%

있다
38%

유해매체 차단 플랫폼에 어떻게
생각하나요?

15%

■ 필수적 운영
필요
■ 제도
마련해야함
■ 별 생각이 없음

■

결과

유해매체를 <u>차단앱</u> 중 삼성인터넷용 **(adblock plus)** , <u>광고안뜨게</u> 하는 앱 을 사용한 경험이
있다고 답하였다. 대부분이 이러한 플랫폼의 제도가 필요하다고 생각하였다.

Part 3 **2차 설문조사**

홍보지를 보고 난 후 바뀐점(생각)

43%

15%

42%

■ 심각성 알게됨

■ 원래
알고있었다
■ 차단앱을
설치해야겠다

결과

<u>홍보지를</u> 보고 심각성을 <u>알게되어</u> <u>차단앱을</u> 설치해야겠다는 필요성을 느꼈다.
캠페인 활동의 목적을 이룬 것 같다.

〈그림 10-4〉 2차 설문 결과

　현장의 결과물들을 취합하여 핵심 인사이트를 추출하고, 최종적인 아이디어
가 나올 때까지 반복하면 어느 순간 최종 결과물이 도출된다. 그 외 후속 업무로
영상 편집, PPT 제작, 발표 등은 역할 분담에 따라 진행한다.

〈그림 10-5〉 최종 산출물

WORKBOOK 10

본 장에서는 현장 활동을 위한 팀원들 간의 역할과 준비사항을 점검하고 현장 활동 성찰 일지를 작성해 보고자 한다.

팀 프로젝트

1 매 주차 수업 시 팀원들과 소통을 하면서 다음과 같은 방식으로 시작한다.

팀원 인터뷰	매 주차별 팀원 1명씩 정해서 인터뷰하기 팀원들은 질문 한 가지씩 진행하기
이번 주 우리의 미션	

2 역할 분담 및 준비사항 점검하기

3 성찰일지 작성하기

현장 활동 사례 Ⅲ

본 장에서는 현장 활동에 필요한 주제 분석,
아이디어 도출, 실행 방안에 대해 알아본다.

CHAPTER

생각해보기

지역사회에도 코로나19 확산으로 인해 취약계층 아동들의 지역아동센터 이용이 증가되면서 지역아동센터들의 돌봄 책임이 급격하게 늘어나고 있다. 특히, 코로나19의 장기화는 저소득층 가정 아동들에 대한 돌봄 공백, 교육격차, 신체활동 감소 등 다양한 사회문제로 연결되기에 큰 관심이 필요하다. 유례없는 코로나19 위기 속에서 어려움에 처한 지역아동센터들이 유연하고 적극적으로 대처할 수 있도록 지역사회 일원으로서 우리는 어떤 대안을 마련해볼 수 있을까?

11 현장 활동 사례 Ⅲ

CHAPTER

⊙ 문제해결 1단계(문제 인식, 주제 선정)

충청캠퍼스에서 '우리 지역 어린이를 위한 코로나19 교육 자료 제작'이라는 주제로 활동을 수행한 '이시국' 팀의 사례를 살펴보자.

'이시국' 팀은 최근 코로나19로 인한 지역사회의 혼란과 여러 가지 방역 조치와 관련된 문제에 초점을 두었다. 지역에서는 코로나19에 대한 잘못된 정보가 무분별하게 확산하면서 현재 상황에 대한 근본적인 이해와 올바른 정보제공이 무엇보다 중요하다는 점을 파악하였다. 특히 정부와 질병관리본부(현재 질병관리청)에 의해 코로나19 정보 사이트, 안내 책자, 교육 자료 등이 제작·배포되고 있으나, 기존의 자료 중에 아동과 어린이를 대상으로 하는 교육 자료는 그 수가 현저히 적을뿐더러 아동과 어린 학생들이 이해하기에는 너무 어려운 표현과 내용이 사용되고 있음을 발견하였다.

또한 지자체별로 지역적 특성이나 코로나19 상황이 서로 다른데, 이러한 부분을 종합적으로 반영하여 아이들에게 코로나19에 대한 올바른 교육이 시행되고 있지 못한 점을 깊이 생각하였다.

이에 '이시국' 팀은 현재 코로나19 위기 속에서 지역의 아동 관련 돌봄·보육 시설에 어떠한 환경적 변화가 있는지 각종 자료를 검토하였다. 학생들은 최근 지역 내 코로나19 확산으로 인해 취약계층 아동들의 돌봄·보육 시설 이용이 증가하게 되면서, 시설들의 돌봄 책임이 코로나19 확산 이전보다 크게 늘어났고, 기존과 동일한 국고 지원, 제한된 초등학교 등교 등으로 지역사회의 후원 없이는 이제 지역의 아동 관련 돌봄·보육 시설이 버티기 어려운 실정임을 파악했다.

정부의 방역 지침도 각 시설의 부담을 가중시키고 있다는 지적이 나오고, 시설마다 정원이 넘쳐 취약계층 아동들이 대기 명단에 있는 경우도 많다. '이시국' 팀은 지역의 아동과 어린이를 대상으로 하는 코로나19 교육 자료를 제작하여 지역사회의 아동 관련 돌봄·보육 시설에 제공하겠다는 목표를 세웠다. 이러한 목표는 최근 코로나19에 따른 아동과 어린이를 대상으로 하는 교육 자료 부재, 아동 관련 돌봄·보육 시설의 부담 가중 등의 배경을 종합적으로 고려한 것이다.

학생들은 지역의 아동과 어린이를 대상으로 하는 코로나19 교육 자료를 제작하여 지역사회의 아동 관련 돌봄·보육 시설에 제공하기 위해 다음과 같은 3단계 과정을 고려하였다. 충분한 정보수집과 자료조사를 통해 문제점을 명확하게 발굴하고 다양한 아이디어 중에 실제로 적용이 가능한 해결방안을 현장에서 활용하여 개선이 필요한 부분에 대해 보완하는 구체적인 과정을 계획하였다.

1) 우리 지역의 아동 관련 교육, 돌봄, 복지 등 시설·정책에 대해서 이해한다.
2) 우리 지역의 돌봄 이슈와 관련된 문제점을 발굴하고 코로나19로 인한 문제에 대한 다양한 아이디어와 해결방안을 모색한다.
3) 학생들이 마련한 아동돌봄 관련 해결방안을 실제적인 상황에 적용·응용하고, 개선을 위한 보완책을 마련한다.

➡ 문제해결 2단계(아이디어 구체화)

'이시국' 팀은 문제인식과 주제선정 과정을 거쳐 본격적인 아이디어 구체화를 위한 시간을 가졌다. 특히, 정부와 지자체에서 제공하고 있는 코로나19 관련 교육 자료를 검토하였고 아동과 어린이를 대상으로 하는 책자, 영상 등 각종 콘텐츠를 수집함으로써, 아동과 어린 학생들에게 적합한 코로나19 교육 자료의 형태, 내용 등에 대해서 구체화하였다. '이시국' 팀은 교육 자료의 대상을 유치원생부터 초등학교 저학년까지인 6~11세 아이들로 선정했고, 해당 연령대의 아이들이 쉽고 재미있게 이해할 수 있도록 코로나19 교육 자료를 동화책 형식으로 제작하기로 결정했다.

'이시국' 팀은 일정과 단계에 따라 구체적인 활동 방법을 계획했다. 자료조사 내용 공유 및 정리, 스토리 라인 작성 및 공유, 중간점검 및 동화책 내용 작성, 시각자료(그림) 제작 및 첨부, 최종 점검, 수정 후 시설에 전달 등의 세부적인 추진계획을 세운 후 팀원별로 각자의 전공·흥미를 고려하여 역할 분담도 수행했다. 코로나19 교육용으로 포함될 자료조사, 동화의 스토리 라인 제작, 시각(그림) 자료 제작 및 첨부, 동화 구연 발표 등의 역할을 나누어 프로젝트가 효율적으로 진행되도록 힘썼다. 무엇보다도 '이시국' 팀은 아동과 어린이를 대상으로 하고 있기에 과도한 양의 내용, 부적절한 표현 등을 피하기 위해 주의하고 올바른 정보가 교훈적으로 제공될 수 있도록 수시로 상기하며 아이디어를 구체화했다.

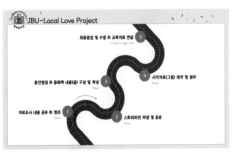

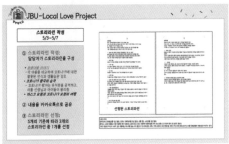

⊙ 문제해결 3단계(실행, 결과)

'이시국' 팀은 아이디어 구체화 과정을 거친 후 모든 계획을 실행에 옮겼다. 동화책 제작에 기반이 되는 자료를 수집하고 정리하여 기본적인 자료집을 우선 제작하였다. 이후 동화의 배경, 등장인물 등을 논의하여 몇 가지 스토리 라인을 구성하였는데, 아이들의 흥미와 집중을 유발할 수 있으면서 다양한 정보를 손쉽게 전달할 수 있는 스토리 라인 한 가지를 선정하였다. 선정된 스토리 라인을 기반으로 아동과 어린이들이 쉽게 이해할 수 있도록 단순하고 쉬운 표현과 단어를 사용하여 동화책을 제작했다. '이시국' 팀은 제작이 완료된 동화책을 가지고 지역 아동돌봄센터의 아이들을 대상으로 교육활동을 수행하였다.

WORKBOOK 11

본 장에서는 현장 활동 과정에서 개선이 필요한 팀원들 간의 역할과 준비사항을 점검하고 현장 활동 성찰 일지를 작성해 보고자 한다.

팀 프로젝트

1 매 주차 수업 시 팀원들과 소통을 하면서 다음과 같은 방식으로 시작한다.

팀원 인터뷰	매 주차별 팀원 1명씩 정해서 인터뷰하기 팀원들은 질문 한 가지씩 진행하기
이번 주 우리의 미션	

2 역할 분담 및 준비사항 점검하기

3 성찰일지 작성하기

현장 활동 사례 Ⅳ

본 장에서는 현장 활동에 필요한 주제 분석,
아이디어 도출, 실행 방안에 대해 알아본다.

CHAPTER

12

생각해보기

최근 지역사회에는 저출산·고령화 현상이 심각하게 나타나고 있다. 모바일, 인터넷 사용을 비롯해 키오스크(무인단말기) 사용을 어려워하는 고령층에 대한 정책적 지원이 필요하다는 목소리도 나온다. 디지털 소외계층이 많은 지역사회의 경우 공동체 해체 위기에 직면하고 있어 디지털 격차 해소가 시급하다. 이와 같은 코로나19 위기 속에서 고령층 지역주민들의 어려움을 돕고 지역 내 디지털 정보 양극화를 해결하려면 대학생인 우리는 어떻게 문제를 해결해야 할까?

12 현장 활동 사례Ⅳ

CHAPTER

● 문제해결 1단계(문제 인식, 주제 선정)

충청캠퍼스에서 '우리 지역 어르신들의 행복한 일상생활'라는 주제로 활동을 수행한 '실버타운' 팀의 사례를 살펴보자.

'실버타운' 팀은 지역의 고령화 이슈와 관련된 문제에 초점을 두고 고령인구가 많은 곳에서 나타나는 현상에 관심을 가졌다. 고령인구가 상대적으로 많은 지역에서는 최근 보호자 없이 혼자 생활하는 독거노인의 우울증, 고독사, 자살 등과 같은 안타까운 사건이 빈번하게 나타나고 있음을 발견하였다. 정부와 지자체의 다양한 사업으로 혼자 힘으로 일상생활을 하지 못하는 노인에게 정책적으로 지원하고 있지만, 코로나19 상황이 악화하면서 손길이 미치지 못하는 사각지대가 늘어나는 상황이다.

'실버타운' 팀은 제한된 환경 속에서 신체적·정서적·인지적 활동을 지원하여 잃어버린 일상생활의 되찾고 궁극적으로 노인 삶의 질을 높이기 위한 실질적인 방안이 필요함을 느꼈다. 또한, 코로나19로 인해 많은 일상에 언택트(비대면) 기술이 적용되면서 노인의 디지털 소외가 지역의 큰 문제로 인식되고 있음을 발견하였다.

이에 '실버타운' 팀은 빠르게 변화하는 4차 산업혁명 시대에 지역의 노인 생활과 복지에 어떠한 환경적 변화가 있는지 각종 자료를 검토하였다. 학생들은 코로나19 확산으로 언택트(비대면) 디지털 기술이 사회 전역에 상용화되고 있는 가운데 고령인구가 많은 곳을 중심으로 소위 디지털 문맹이라 불리는 고령층 지역주민들의 디지털 정보 양극화가 우려되고 있음을 파악했다. 모바일, 인터넷 사용을 비롯해 최근 키오스크(무인단말기)의 사용을 어려워하는 고령층에 대한 정책적 지원이 필요하다는 목소리도 나온다. 디지털 소외계층이 많은 지자체는 공동체 해체 위기에 직면해 있어 디지털 격차 해소가 시급하다는 지적도 있다. '실버타운' 팀은 이와 같은 코로나19 위기 속에서 고령층 지역주민들의 신체적·정서적·인지적 활동을 지원하는 방안을 마련함과 동시에 디지털 정보 양극화를 해결할 수 있도록 활동하겠다는 목표를 세웠다.

학생들은 지역의 고령층 지역주민을 대상으로 신체적·정서적·인지적 활동을 돕는 각종 물품과 키오스크(무인단말기) 사용 안내 동영상을 제작하여 지역사회의 노인 관련 시설에 제공하기 위해 다음과 같은 3단계 과정을 고려하였다. 충분한 정보수집과 자료조사를 통해 문제점을 명확하게 발굴하고 실제로 노인(수요자)의 시선에서 어렵게 느껴지는 부분이 어떤 것인지 체험해보고 손쉽게 활용할 수 있는 해결방안을 모색하기 위한 구체적인 과정을 계획하였다.

1) 우리 지역의 인구문제, 고령화 상황에 대해서 이해하고 있다.
2) 우리 지역의 고령화 이슈와 관련된 문제점을 발굴하고 코로나19로 인한 문제에 대한 다양한 아이디어와 해결방안을 모색할 수 있다.
3) 학생들이 마련한 노인 관련 해결방안을 실제적인 상황에 적용·응용하고, 개선을 위한 보완책을 마련할 수 있다.

● 문제해결 2단계(아이디어 구체화)

'실버타운' 팀은 문제인식과 주제선정 과정을 거쳐 본격적인 아이디어 구체화를 위한 시간을 가졌다. 특히, 고령화 사회의 특징, 국내의 고령화 속도, 고령화와 관련된 지역의 다양한 이슈 및 문제에 대해서 다양한 자료를 검토하였고 노인들이 겪고 있는 신체적·정서적·인지적 활동의 문제점이 무엇인지 구체적으로 살펴보았다. '실버타운' 팀은 노인분들이 재미있게 참여할 수 있으면서 긍정적인 감정을 나눌 수 있는 프로그램을 기획하고 이에 필요한 물품을 제작하기로 결정했다. 그리고 이를 지역사회의 노인 관련 시설에 전달하기로 했다.

그뿐 아니라, 키오스크(무인단말기) 사용 안내 동영상을 제작하기 위해 직접 카페, 식당 등을 방문하여 고령층 지역주민이 어떤 부분에서 큰 어려움을 겪는지 관찰하고 이를 쉽게 안내하기 위한 동영상 제작을 준비했다. 노인의 시선에서 키오스크(무인단말기)를 사용하는 모습을 영상으로 찍어 사용 단계를 구분하여 편집 활동에 임하기로 계획했다.

'실버타운' 팀은 의미 있는 활동이 되면서 신뢰할 수 있는 과정이 될 수 있도록 약속을 정했다. 약속시간 철저히 지키기, 소통에 적극적으로 참여하기, 의견이 다름을 인정하고 존중하기 등의 팀원들이 지켜야 할 사항들을 구체적으로 마련한 후 팀원별로 각자의 전공·흥미를 고려하여 역할 분담도 수행했다. 노인들의 신체적·정서적·인지적 활동에 관한 자료조사, 장소 섭외, 그림 이미지 제작, 동영상 촬영 및 편집 등의 역할을 나누어 프로젝트가 효율적으로 진행되도록 힘썼다. 무엇보다도 '실버타운' 팀은 고령층 지역주민을 대상으로 하고 있기에 쉽고 편하게 이해할 수 있는 콘텐츠 제작에 많은 시간을 투자했다. 그리고 일회성으로 끝나지 않고 지속적으로 지역사회에 활용될 수 있는 방안이 될 수 있도록 아이디어를 구체화했다.

● 문제해결 3단계(실행, 결과)

'실버타운' 팀은 아이디어 구체화 과정을 거친 후 모든 계획을 실행에 옮겼다. 먼저 노인분들이 재미있게 참여할 수 있는 이미지 게임 물품을 제작하였는데, 계절을 주제로 선정하여 계절에 따른 각자의 추억 회상과 상호 공유가 가능할 수 있도록 프로그램을 구성했다. 이후 동물을 주제로 선정하여 어르신이 직접 가랜드를 만드는 활동을 준비했다. 특히, 어르신이 한 번에 알아보실 수 있도록 대중적으로 많이 알려져 있는 동물들을 포함하기 위해 노력했고, 이러한 조건들을 만족하는 돼지, 고양이, 기린, 말, 개구리, 강아지 등 다양한 동물 이미지를 활용했다. 이런 과정을 거쳐 '실버타운' 팀은 키오스크(무인단말기) 앞에서 직접 버튼을 하나씩 누르면서 설명하는 안내 동영상을 촬영했고, 편집을 통해 쉽고 간단하게 이해할 수 있도록 동영상 제작을 완료했다. 제작이 완료된 프로그램과 물품, 그리고 동영상은 지역의 노인 관련 시설에 전달하였다.

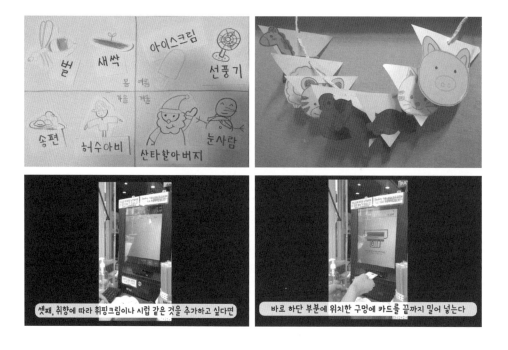

WORKBOOK 12

본 장에서는 현장 활동 과정에서 개선이 필요한 팀원들 간의 역할과 준비사항을 점검하고 현장 활동 성찰 일지를 작성해 보고자 한다.

팀 프로젝트

1 매 주차 수업 시 팀원들과 소통을 하면서 다음과 같은 방식으로 시작한다.

팀원 인터뷰	매 주차별 팀원 1명씩 정해서 인터뷰하기 팀원들은 질문 한 가지씩 진행하기
이번 주 우리의 미션	

2 역할 분담 및 준비사항 점검하기

3 성찰일지 작성하기

피드백

본 장에서는 현장 활동을 마무리하며 활동 과정과
성과에 대해서 성찰하는 방법을 알아보도록 한다.

CHAPTER

13

생각
해
보
기

당신은 주변 사람들에게서 무엇을 배웠는가? 현장 활동을 통해 만나는 여러 사람들로부터 배울 수 있다. 삶의 현장에서 만난 사람들과의 상호작용과 소통을 통해 그 지식의 진짜 의미를 찾을 수 있는 것이다. 즉, 우리가 '아는 지식'이 실제 삶에서 더 새롭고 더 창의적인 것들로 발전하게 된다. 당신은 현장 활동에서 무엇을 배우고자 노력하였는가? 만약 위대한 가르침을 얻었다면 그 배움은 어떻게 일어났는가? 그 경험이 또다시 미래에도 일어날 수 있도록 노력하는 것이 피드백의 가치일 것이다.

13
CHAPTER

피드백

　지역사회를 위한 우리의 현장 활동이 마무리되었다. 나와 지역 사회를 위한 변화의 노력들이 변화의 노력들이 의도한 목표를 달성하였는지, 기대에 못 미치는 부분이 무엇인지를 생각해 볼 시간이다. 즉, 우리의 활동이 애초에 목표한 바대로 잘 실행되었는지 점검해보고 활동의 의미를 되새기기 위한 활동 평가 단계이다.

　현장 실습을 마친 후 전체 성찰 및 피드백의 시간에는 팀별로 주제를 달리하여 발표하도록 하고 공유하는 방법을 택할 수 있다. 이렇게 주제를 달리하면 똑같은 주제로 반복적인 내용이 나올 경우를 보완할 수 있으며, 공유의 시간이 보다 풍성해질 수 있다. 이때 주제 선정은 SNS 단톡방의 〈제비뽑기〉 기능을 활용해 순서와 주제를 정하여, 학생들이 자기 주도적으로 문제를 해결하고 교류를 활발히 할 수 있도록 지원해야 한다.

- 팀별로 지역사회 현장 활동을 수행한 후 현장 활동을 종합해서 작성해 봅시다.
- 팀원 간 활동과 생각을 정리하면 지역사회 현장 활동을 통해 무엇을 배웠는지 알 수 있다.

활동 일시		___년 __월 __일 __시 __분 ~ __시 __분 총 ( )시간
활동 장소		
팀 프로젝트 주제		
활동 평가	우리 팀이 잘했다고 생각하는 점은 무엇인가?	
	우리 팀에서 어려웠던 점은 무엇인가?	
	우리 팀만의 문제점 및 해결 방법은 무엇인가?	
활동 분석	앞으로 어떻게 프로젝트를 진행하고 싶은가?	
	한줄 소감	
미래 활동 기획	내년 후배들에게는 어떻게 팀 프로젝트를 진행하라고 조언할 것인가?	
	기관(멘토) 입장이라면 어떤 과제를 줄 것인가?	

➔ 동료 피드백

피드백은 현재의 위치를 알려주며 다음 단계에 어디로 나아가야 할지 방향을 제시한다. 또한 수행하고 있는 일에 대해 긍정적이고 건설적인 성찰의 기회를 제공한다. 전 능률교육 대표이자 현재 교육혁신연구가로 활동하고 있는 이찬승은 지금까지 수업과 관련해서 피드백이라면 학생에 대한 교사의 피드백을 먼저 떠올리지만 팀별 학습과 자기주도학습이 강조되는 상황에서 학생들 간의 피드백을 활성화 할 필요가 있다고 강조하였다.

동료 피드백은 학생들 간에 주고받는 피드백을 말한다. 학생들은 동료에게 피드백을 제공하면서 다른 학생의 활동에 대한 되짚어보기를 통해 학습하는 방법을 배우게 된다. 학생들은 급우들의 과제 수행에 대해 분석적으로 사고하도록 요구되며, 같은 방법을 적용하여 자신의 과제 수행에 대해 사고할 수 있다. 동료 피드백은 학생들의 참여도와 책임감을 길러주며, 뛰어난 성취의 기준이 무엇인지 생각할 수 있는 기회를 제공한다. The Learning Hub의 학습 디자이너 Eikris Biala는 동료 피드백을 장려하는 이유로 아래 6가지를 들었다.

① 동료의 성장을 도울 수 있다.
② 소중한 모둠 구성원이 된다.
③ 비평적 시각을 키운다.
④ 서로의 강점과 약점에 대해 숙고하는 시간을 가질 수 있다.
⑤ 의사소통 능력을 향상시킨다.
⑥ 효과적으로 협업하는 능력을 키운다.

동료 피드백을 수행할 때 학생들에게 명확한 기준을 설정해 주는 것이 매우 중요하다. 학생들은 동료의 작업에서 무엇을 눈여겨보아야 하는지 미리 알고 있어야 한다. 결과보고서와 동료평가에 대한 구체적인 평가기준은 아래와 같다.

➔ 결과보고서 및 발표 평가기준

구분	평가기준
1	지역사회 문제해결에 기여하였는가?
2	수행한 활동과 결과물이 독창적인가?
3	구체적인 활동 내용과 체계적인 결과를 제시하였는가?
4	제안한 결과물이 바로 접목 및 실현 가능한가?
5	실시 횟수나 빈도 및 수혜 대상자가 많은가?
6	장기적으로 지속가능한 활동 또는 결과물인가?
7	성의 있는 태도로 명확하게 내용을 전달했는가?
8	개인과 팀의 성장 과정에 대해서 설명하고 있는가?
9	미래의 활동 계획과 다짐을 설명하고 있는가?
10	팀원 간의 협업이 잘 이루어졌는가?

➔ 동료평가 기준

구분	평가기준
1	팀 활동에서 자신이 맡은 역할을 성실히 수행한다.
2	팀 내외 구성원들과 원만한 관계가 유지될 수 있도록 충분히 협력한다.
3	기존의 방식에서 벗어난 독창적인 아이디어를 제언한다.
4	다양한 아이디어와 의견을 종합 · 연계하여 새로운 전략과 방법을 도출한다.
5	문제 발생 시 회피하지 않고 적극적으로 의견을 표출한다.
6	개인 · 팀의 상황과 과정에 대해서 구성원들과 충분히 소통한다.
7	팀 활동 시 예상되는 문제점과 대응방안을 고민하고 끝까지 책임감 있는 모습을 보인다.
8	지역사회 현장 활동의 목적 달성을 위해 구체적인 활동방법과 추진계획을 세운다.
9	지역사회 문제와 관련된 다양한 자료를 탐색하고 적합한 정보와 기술을 찾는다.
10	수집한 사례와 정보를 비판적으로 살펴보고 근거를 찾아 자신의 의견을 제시한다.
11	다양한 자료를 효과적으로 활용하여 팀 결과물에 기여한다.

학생들이 이러한 평가 방법을 이해할 수 있도록 돕기 위해 연습 세션을 진행해 보는 것도 한 가지 방법이다. 학생들은 연습을 통해 동료 평가 과정을 체험하고 그 과정에 익숙해지는 한편으로, 동료 평가에서 자신이 해야 할 일이 무엇인지를 이해하게 된다.

먼저 완성된 형태의 두 가지 샘플(상위 수준의 샘플과 하위 수준의 샘플)을 학생들에게 제시하고 학생들이 각각의 장점과 단점을 비교해 보도록 할 수 있다. 학생들과 체크리스트, 루브릭, 질문 프롬프트를 제시하고 평가기준에 대해 토론한다. 그런 다음 학생들은 소그룹 단위로 나뉘어, 자신이 생각하는 기준을 샘플에 적용할 수 있다. 이러한 방법을 통해, 학생들은 각 샘플과 관련된 평가기준에 대한 합의에 도달하도록 노력하는 과정에서 의미 있는 토론을 할 수 있다.

본 장에서는 현장 활동을 마무리하면서, 우리 팀의 활동을 성찰하며 토의해 보는 시간을 갖는다.

팀 프로젝트

1 매 주차 수업 시 팀원들과 소통을 하면서 다음과 같은 방식으로 시작한다.

입장	인사하기
구호	우리 팀명 외치기
존재의 확인	이름 말하기
팀원 인터뷰	매 주차별 팀원 1명씩 정해서 인터뷰하기 팀원들은 질문 한 가지씩 진행하기
이번 주 우리의 미션	

2 팀플 활동 돌아보기 – 팀별 토의

우리 팀의 문제점 한 가지를 꼽는다면?	
우리 팀, 이렇게 문제를 해결했다!	
우리 팀이 잘했다고 생각하는 점	
우리 팀 어려웠던 점, 좋았던 점	
앞으로 이렇게 프로젝트 실습을 진행하고 싶다	

결과보고서 사례

본 장에서는 결과보고서 사례 및 샘플을 제안하
고자 한다.

CHAPTER

14

생각해보기

한 학기 동안 지역사회와 함께 하며 진행한 프로젝트를 총정리하여 동료 앞에서 발표하고 성과를 공유하는 시간이다. 지역과 상생하는 대학, 지역혁신과 함께 나아가는 대학, 나눔을 통해 공동체성을 회복하는 대학의 모습, 〈JB지역사랑프로젝트〉 포트폴리오로 '나'와 '팀'이 함께 만들어간 기록들을 만나며 성장의 기쁨을 나눠보자.

14

CHAPTER

결과보고서 사례

➡ 결과보고서 사례 I

본 장에서는 〈JB지역사랑프로젝트〉 결과보고서(고양) 샘플을 살펴보고자
한다.

〈JB지역사랑프로젝트〉 결과보고서

수강 학기	2021학년도 1학기	담당교수	권 혁 교수님
팀 이름	나누미		
팀 구성원	팀장 : 전○우 팀원 : 임○영, 임○모, 장○현, 장○원, 전○호, 정○정		
팀 프로젝트 주제	고양시 알바 연구소		
분야(유형)	지방 자치 단체 연계		

1. 활동 추진배경

현장 활동의 배경	계획
1. 고양시에서 일자리 창출에 관해 지속적인 관심을 갖고 있음에도 불구하고 고용률이 감소하고 실업률 또한 증가하고 있는 문제 2. 아르바이트생의 임금 부당대우 문제	1) '고양시 알바 연구소 사이트' 시제품 제작 2) 인터뷰 질문지 제작 3) 인터뷰 대상 섭외 및 인터뷰 4) 인터뷰 결과 취합 및 문서화 5) 영상 편집 6) PPT 제작 7) '고양시 일자리 정책과'를 방문

2. 구체적인 활동 진행내용

현장 활동	내용
'고양시 알바 연구소 사이트' 시제품 제작	– 홈페이지를 제작하시는 분께 고양시 알바 연구소 사이트 제작에 대한 조언을 구하였음 – '고양시 알바 연구소 사이트'를 간단히 만들거나 시각화하여 인터뷰 및 설문조사를 진행하는 데 활용
인터뷰 질문지 및 설문조사지 제작	– 작성한 인터뷰 질문을 바탕으로 인터뷰 질문지를 작성 – '임금 부당대우 실태조사'를 위해 네이버폼 설문조사지를 제작
인터뷰 대상 섭외 및 인터뷰, 설문조사 진행	– 인터뷰 대상자인 '아르바이트생 고용 경험이 있는 사업자' 2명, '임금 부당대우를 경험한 적 있는 아르바이트생' 3명, '아르바이트를 하고 싶지만 구해지지 않아 걱정인 대학생' 2명, '노무사' 1명 등을 대상으로 인터뷰 및 설문조사 진행 – 네이버폼을 이용한 '임금 부당대우 실태조사' 진행
인터뷰 결과 취합 및 문서화	– 인터뷰 결과를 모두 취합하여 이를 문서화
영상 편집	– 인터뷰 영상을 편집
PPT 제작	– 인터뷰 결과와 편집된 영상 등을 담아 하나의 PPT 자료로 제작
'고양시 일자리 정책과'에 아이디어에 대한 피드백 요청	– 고양시 일자리 정책과와 연락하여 고양시 알바 연구소 아이디어에 대한 피드백을 부탁드렸음

3. 계획(목표) 대비 달성 정도 및 활동 결과

현장 활동	내용
'고양시 알바 연구소 사이트' 시제품 제작	메인, 구인구직, Q/A, 이벤트, 알바 생생후기&자유게시판, 알바 연구소 이야기 카테고리를 만들어서 고양시 알바 연구소 홈페이지가 운영된다면 어떤 식으로 홈페이지 구성을 해야 할지에 대해 파악하고, 인터뷰 및 설문조사 진행 시 도움이 될 수 있도록 하였음 (1) 메인 : 방금 올라온 구인 소식, 이벤트 등을 확인할 수 있음 (2) 구인구직 : 덕양구, 일산동구, 일산서구로 나누었으며, 원하는 위치의 아르바이트 구인구직 소식을 확인할 수 있음 (3) Q/A : 사이트 혹은 아르바이트 구인구직 문제 등에 대한 문의를 할 수 있음(1:1 채팅을 통해 바로 답변을 받는 것도 가능함) (4) 이벤트 : 고양시 알바 연구소에서 운영하는 이벤트를 볼 수 있음 (5) 알바 생생후기 & 자유게시판 : 아르바이트생들의 일상, 사업장 후기 등을 볼 수 있음

(6) 알바 연구소 이야기 : '고양시 알바 연구소'에 대한 이야기를 볼 수 있음

인터뷰 대상 섭외 및 인터뷰, 설문조사	

1. '아르바이트생 고용 경험이 있는 사업자' 인터뷰 결과(제조업 종사자)

(1) 고양시 통합 일자리 센터를 알고 있는가?
 - 잘 모르고, 이곳을 통해 구인을 해본 경험이 없음

(2) 제조업에서 아르바이트생을 많이 필요로 하는가? 그리고 아르바이트생은 주로 어떤 일을 맡고 있는가?
 - 많이 필요로 하며, 아르바이트생이 하는 일은 기술자가 하는 일을 제외한 여러 가지 업무임

(3) 기존 플랫폼을 통해 아르바이트생을 구하는 데 있어서 아쉬운 점은 무엇인가?
 - 사업장과 가까운 곳에 거주하는 아르바이트생을 구하고 싶은데, 멀리서 오는 경우가 많아 부담스러움

(4) 직원이나 아르바이트생을 구할 때, 고양시에서 주는 혜택이 있는가?
 - 없음. 있다고 해도 조건이 까다로워 그마저도 받을 수 없음

(5) 고양시 알바 연구소 사이트에서 '포인트' 지급을 어떻게 하면 좋겠다고 생각하는가?
 - 지급 급여의 3% 정도를 지역 화폐로 충전하면 좋을 것 같음

2. '아르바이트생 고용 경험이 있는 사업자' 인터뷰 결과(요식업 종사자)

(1) 고양시 통합 일자리 센터를 알고 있는가?
 - 잘 모르고 이곳을 통해 구인을 해본 경험도 없음

(2) 기존 플랫폼을 통해 아르바이트생을 구하는 데 있어서 아쉬운 점은 무엇인가?
 - 가까운 곳에서 인력을 구할 수 없는 점이 아쉽고, 종종 먼 곳에서 아르바이트생들이 오려고 하는 경우가 있는데, 오기로 한 날짜에 오지 않을까 봐 불안감을 느낌

(3) 고양시 알바 연구소 사이트가 생긴다면, 이용할 의향이 있는가?
 - 현재 수수료를 내며 아르바이트생을 모집하고 있기 때문에 수수료가 없다면 사업장에 맞는 아르바이트생을 구해서 쓰고 싶음
 - 포인트 적립이나 지역 화폐 사용이 가능하다면 적극 활용할 것 같음

3. 임금 부당대우 경험이 있는 아르바이트생 인터뷰 결과

(1) 고양시 통합 일자리 센터를 알고 있는가?
 모름

(2) 어떤 임금 부당대우를 경험했는가?
 - 연장 근무에 대한 임금을 추가적으로 지급해 주지 않았음
 - 급여를 받기로 한 날짜에 받지 못했음

(3) 부당대우를 받았을 때 어떻게 대처했는가?
- 일을 그만두었음
- 고용주에게 연락하여 독촉하였음

(4) 부당대우 경험 후 관련 기관에 신고한 경험이 있는가?
- 고용노동부에 신고했지만 빠른 해결이 되지 않았음
- 신고하는 경로가 까다로워 신고하지 않은 경우가 많음

4. 네이버폼 '임금 부당대우 실태조사' 설문조사 결과 (참여 인원 : 총 24명)

(1) 아르바이트를 현재 하고 있거나, 해본 경험이 있는가?
- 예 (19명)
- 아니오 (5명)

(2) 아르바이트를 하면서 임금 부당대우를 경험한 적이 있는가?
- 예 (15명)
- 아니오 (6명)
- 응답 없음 (3명)

(3) 임금 부당대우를 경험한 적이 있다면, 구체적으로 어떤 부당대우를 경험하였는가?
- 임금을 제 날짜에 지급받지 못했음 (9명)
- 수당 없이 연장근무를 했음 (2명)
- 최저임금을 적용받지 못했음 (0명)
- 일방적인 급여삭감을 경험했음 (1명)
- 기타 (4명)
- 응답 없음 (9명)

(4) 임금 부당대우를 경험한 후에 어떻게 대처하였는가? (복수 선택 가능)
- 아무런 조치를 취하지 않았음 (8명)
- 관련 기관(고용노동부 등)에 신고하였음 (3명)
- 주변 지인들에게 도움을 요청하였음 (3명)
- 기타 (1명)
- 응답 없음 (9명)

5. 아르바이트가 구해지지 않아 걱정인 대학생 인터뷰 결과

(1) '고양시 통합 일자리센터'를 알고 있는가?
- '일자리 정보를 제공하는 센터'라고만 알고 있음

(2) 아르바이트를 구하는 게 힘들다고 하던데, 사실인가?
- 코로나19의 영향으로 아르바이트를 구하는 곳이 줄었음

(3) 고양시 알바 연구소 사이트를 이용할 의향이 있는가?
- 기존의 구인구직 애플리케이션으로 아르바이트를 구하는 것이 한계가 있음
- 사이트 이용이 편리하다면 이용할 의향이 있음

	6. 김홍열 노무사님 설문조사 결과 (1) 노무사가 하는 일은 무엇인가? 　– 노동자의 권리 구제 및 기업 대상 인사 노무관리에 대한 자문 (2) 임금 부당대우 때문에 찾아오는 경우가 많은가? 　– 많음 (3) 부당대우 신고 시 급여를 받는 경우가 많은가? 　– 임금 체불이 있는 경우, 신고한다면 못 받은 임금을 받을 수 있음 (4) 부당대우 신고 시 신고 비용은 어느 정도 책정이 되어 있는가? 　– 정확한 금액은 사건과 노무법인에 따라 달라지기 때문에 확인하기 　　힘듦 (5) 부당대우 신고 시 진행 과정은 어느 정도 소요되는가? 　– 임금 체불 건의 경우 최소 2개월~4개월 정도 소요되며, 부당 해고 　　건은 3개월~6개월 정도 소요됨
'고양시 일자리 정책과'에 아이디어에 대한 피드백 요청	– 고양시 일자리 정책과에 아이디어에 대한 피드백을 요청드렸으나, '경기도 중장년 일자리 박람회' 준비로 인하여 피드백은 어려울 것 같다'는 답변을 받았음

4. 향후 현장 활동을 위한 제언

(1) 아이디어 점검 및 실현 가능성, 예산 등을 조사

(2) 고양시 일자리 정책과 기획부에 서면으로 아이디어 제안서 제출

(3) 고양시 일자리 정책과의 답변을 받고, 답변을 바탕으로 아이디어 일부 수정

(4) 아이디어 제안서 다시 제출

(5) 아이디어에 대한 문의를 대면으로 받아보기

5. 활동사진 첨부

현장 활동	활동 사진
'고양시 알바 연구소 사이트' 시제품 제작	고양시 알바 연구소 사이트 제작에 대한 조언 구함  사이트 알고리즘 제작 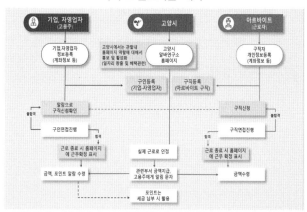 고양시 알바 연구소 사이트 제작 1. 메인 화면 

2. 구인구직

따끈따끈 구인 소식

청년다방   자세히보기

명륜진사갈비   자세히보기

만화카페 벌툰   자세히보기

3. Q/A

4. 이벤트

< 고양시 알바연구소 이벤트 >

보물찾기 대작전

5. 알바 생생후기&자유게시판

6. 알바 연구소 이야기

1. 아르바이트생 고용 경험이 있는 사업자– 제조업 종사자 인터뷰

인터뷰 대상 섭외 및
인터뷰, 설문조사 진행

2. 아르바이트생 고용 경험이 있는 사업자- 요식업 종사자 인터뷰

3. 임금 부당대우 경험이 있는 아르바이트생 인터뷰

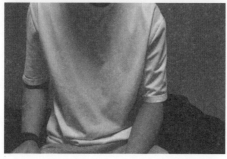

4. 네이버폼 '임금 부당대우 실태조사' 설문조사

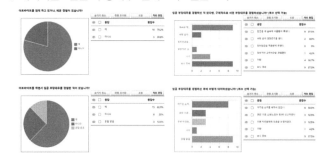

5. 아르바이트를 구하지 못하고 있는 대학생 인터뷰

6. 노무사님과의 설문조사

1. 아르바이트생 고용 경험이 있는 사업자

- 제조업 종사자 인터뷰 결과 취합 및 문서화

<제조업 종사자 인터뷰 정리내용>

질문1:혹시 고양시 통합 일자리센터에 가입을 하신 적 있으신가요?

답변:아니요

질문2:고양시 통합 일자리 센터가 어떤일을 주로 하고 있는지는 알고 계신가요?

답변: 아니요 홍보가 잘 되있지 않아서 가입하지도않았고 어떤일을 하는지도 모릅니다

질문3:알바천국과 같은 사이트로 알바를 구하셨을때의 문제점은 무엇인가요?

답변:알바천국과 같은 사이트로는 원하는 직원을 구할수가없습니다

질문4:직원이나 알바생을 구할 때 고양시의 혜택은 있나요?

답변:혜택이 있지만 규정이 심해서 받기가 어렵습니다

질문5:직원과 알바생에게 급여 지급방법은 어떻게되나요?

답변:단기로 오시는 분에게는 바로지급을하고 장기근

무자는 일이 끝나는 시점에 지급을합니다

질문6:사업을 하시면서 가장 부담스러운 것이 무엇인가요?

답변: 급여와 세금이 같이올라가는 것이 부담스럽습니다

질문7:알바연구소를 통해서 직원을 구한다면 포인트 지급을 어떤방식으로 하는게 좋을까요?

답변:포인트를 많이주면 좋겠지만 쉽게 사용할 수 있는 포인트를 줬으면 좋겠습니다 사용하기 어렵게 줘서 사람들이 활용을 못하는것같습니다

질문8:그러면 고양시에서 재정확보가 쉽게 되려면 어떻게 해결을 해야할지 고민하신 적 있으신가요?

답변: 고양시가 제도를만들기보다는 부모 같은 마음으로 재정확보를해서 기업한테는 포인트를 주고 알바생들한테는 알바비를 쉽게받을 수 있게 하는 것이 바람직하다고 봅니다 또 고양시가 부담대우도 발벗고 나서서 줄었으면합니다

2. 아르바이트생 고용 경험이 있는 사업자- 요식업 종사자 인터뷰 결과 취합 및 문서화

질문: 혹시 고양시 통합 일자리 센터에 가입을 하셨나요?
답변: 통합 일자리 센터는 아직 가입을 하지 않았습니다.

질문 : 이 통합 일자리 센터가 어떤 일을 하는 곳인지 알고 계시나요?
답변 : 아니요, 잘 모릅니다.

질문 : 이 통합 일자리 센터를 통해 구인하신 경험은 없으시겠네요?
답변 : 네, 저는 알바같은 경우는 알바온, 알바천국 같은 사이트에서 제공받아 구인하고 있습니다.

질문 : 그럼 주로 아르바이트생들이 여기서 하는 일은 무엇인가요?
답변 : 고객 응대, 고객이 주문을 했을 때 뭐가 필요한지, 주문 메뉴를 제공하는 서비스를 하고 있습니다.

질문 : 아르바이트생의 안전을 위해 어떤 일은 하시는지 알 수 있을까요?
답변 : 보험을 따로 가입을 했고, 아르바이트생이 다쳤을 때 충분한 치료를 받을 수 있도록 상해 보험을 들어 놓습니다. 저번에 아르바이트생이 쌀국수 면에 화상을 입었는데, 치료비를 전부 지원해 주었습니다.

질문 : 아르바이트생의 급여는 언제 지급하나요?
답변 : 매달 1일부터 30일까지 일한 금액에 대해서 그 다음달 1일에 주고 있습니다.

질문 : 고양시 알바연구소 사이트가 생성된다면 이용할 의향이 있으신가요? 있다면 그 이유는 무엇인가요?
답변 : 지금 현재는 수수료를 내며 알바 모집을 하고 있기 때문에 알바 연구소에서 많은 학생들이 등록을 해서 저희에게 맞는 인재를 구할 수 있다면 이용할 의향이 있습니다.

3. 임금 부당대우 경험이 있는 아르바이트생 인터뷰 결과 취합 및 문서화

1. 고양시 통합 일자리 센터를 알고 있으신가요?
- 모릅니다.

2. 구체적으로 어떤 임금 부당대우를 경험하셨나요?
- 연장 근무에 대한 임금을 추가적으로 지급해 주지 않았고 급여를 받기로 한 날짜보다 늦게 받았습니다.

3. 부당대우를 받았을 때 어떻게 대처하셨나요?
- 일을 그만두었고, 고용주에게 연락하여 독촉했습니다.

4. 부당대우 경험 후 관련 기관에 신고한 경험이 있으신가요?
-고용노동부에 신고했지만 빠른 해결이 되지 않았다고 하였습니다.

인터뷰 결과 취합 및 문서화

4. 아르바이트를 구하지 못하고 있는 대학생 인터뷰 결과 취합 및 문서화

Q:고양시 통합 일자리 센터를 알고계신가요?

A:잘 모르지만 청소년 일자리에 관한 교육을 하고 실업자 같은 사람들에게 도움을 주는 기관이라고 알고있습니다.

Q:통합 일자리 센터를 이용 해 보신적 있나요?

A:이용해본 적은 없지만 주변에서 일자리를 얻기위해 도움을 받는것을 본적이 있습니다

Q:요즘 아르바이트 구하기가 힘들다고 하던데 정말인가요?

A:코로나의 영향도 있고알바자리를 원하는 사람이 많기 때문에 구하기 어려운것 같습니다.

Q:아르바이트를 선택할때 고려하는 것은 무엇인가요?

A:알바 뿐만아니라 개인적인 시간도 필요하기 때문에 아바할 시간대를 가장 고려합니다.

Q:고양시 알바 연구소 사이트를 이용할 의향이 있으신가요? 있다면 그이유는 무엇인가요?

A:정확히 어떤 방식으로 이용하는지는 모르지만 알바 지원 앱으로 구하는것이 한계가 있기 때문에 이용해볼 의향이 있습니다.

영상 편집

1. 아르바이트생 고용 경험이 있는 사업자― 제조업 종사자 인터뷰 영상 편집

2. 아르바이트생 고용 경험이 있는 사업자― 요식업 종사자 인터뷰 영상 편집

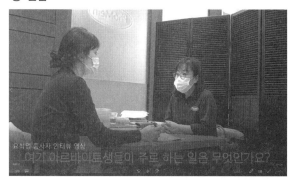

3. 임금 부당대우 경험이 있는 아르바이트생 인터뷰 영상 편집

4. 아르바이트를 구하지 못하고 있는 대학생 인터뷰 영상 편집

PPT 제작

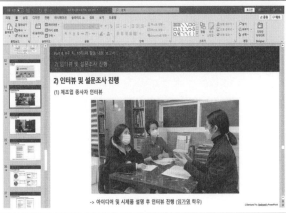

'고양시 일자리 정책과'에 아이디어에 대한 피드백 요청

6. 팀원별 개인 에세이

팀장 OOO

노동에 대해 관련된 것들에 궁금한 것들이 있어서 그것을 조사한다는 마음으로 이 활동을 시작했다.

처음에는 재미없었지만 나중에 활동을 계속하게 되면서 여러 가지 유익한 정보들을 알게 되었다.

고양시 일자리 센터가 존재한다는 것, 임금 부당대우를 당하는 아르바이트생들이 많다는 것 등 유익한 사실들을 많이 알게 되었다.

개인적으로 이번 활동을 조금 게을리한 것 같아서 다음에 이러한 활동을 하게 되면 열심히 하겠다고 생각하고 있다.

이 활동을 하고 난 이후로 아르바이트를 구하게 되면서 부당대우를 당할 걱정을 하지 않게 되었다.

만약 당하게 된다고 해도 대처할 방법이 있기 때문이다.

이 활동을 하게 되면서 협력하는 자세를 알게 되었다.

팀원1 ○○○

다 같이 소통하고 협력하는 수업이라 생각하고 참여했고, 함께 아이디어를 실행시키려는 노력을 했다. 고양시에 해결되지 않은 문제를 학우들이 함께 해결하려는 모습이 너무 좋았다. 아쉬웠던 점은 일자리 박람회 준비로 인한 피드백을 받기 어렵다는 점이었다. 활동 이후 정식으로 이 문제가 해결되길 바라고 있고, 여러 사람들이 바꿔 나가려고 노력해야 한다. 사장님들과의 소통으로 사장님들의 고충을 알게 되었고, 미래에 내가 사장이 되었을 때 어떻게 해결해야 할지 도움이 되었다.

팀원2 ○○○

이 활동에 참여하게 된 동기는 알바를 경험해봐서 관심이 가고 좋은 아이디어 같아서 하게 되었습니다. 팀 활동을 하면서 유익한 점은 제가 부족한 부분을 다른 팀원들이 채워줄 수 있어서 좋았습니다. 개선되어야 할 점은 온라인으로만 얘기를 하다 보니 답답한 경향이 있었습니다. 활동 이후 문제를 해결하기 위해 많은 사람들이 다양한 노력을 하는 것을 알게 되었습니다. 이 활동을 통해 부족한 부분을 알아가서 다음에는 실수를 줄일 수 있을 것 같습니다.

팀원3 ○○○

주제를 정하는 도중 팀원 '장○○' 님의 '동네 알바 연구소'라는 좋은 주제가 선정되어 이 주제로 현장 활동을 진행하게 되었습니다. 이 주제로 자료조사를 진행하며 제 생각보다 많은 사람들이 임금 부당대우를 겪고 있다는 점, 그리고 현장활동 인터뷰 영상들을 보며 고용주들의 아르바이트생 모집 방법, 고충 등을 많이 알게 되어 배울 점이 많았습니다. 팀원 분들이 자료조사도 잘 해주셨지만 아무래도 비대면으로 진행하다 보니, 진행 상황도 잘 모르고 카톡 방에 대답도 적은 점이 좀 아쉬워서 이게 개선되어야 할 문제라고 생각했습니다. 활동 이후 이 프로젝트가 실제로 실행되면 좋겠다는 생각이 많이 들었습니다. 또한 조별 활동에서 팀원에게 더욱 도움이 되는 사람이 되어야겠다고 다짐했습니다.

팀원4 OOO

프로젝트를 위한 아이디어를 생각하다가 평소 아르바이트를 하며 임금 부당대우를 경험한 적이 있는 친오빠가 생각났고 아르바이트 경험이 있는 친구들의 이야기, 임금 부당대우와 관련된 뉴스 등을 접하며 임금 부당대우를 받는 사람이 생각보다 많다는 것을 알게 되었다. 계속되는 임금 부당대우 문제를 해결할 수 있는 방법을 생각하다가 '고양시 알바 연구소'라는 아이디어를 구상하게 되었다.

이 활동을 하면서 아르바이트생 고용 경험이 있는 사업자, 임금 부당대우 경험이 있는 아르바이트생, 아르바이트를 구하지 못하고 있는 대학생 등 여러 대상자들과의 인터뷰 및 설문조사를 통해 이들 모두 각자의 고충이 있으며, 어떤 아이디어가 실현되기 위해서는 어느 한 대상자만 만족시켜서 될 것이 아니라, 그 아이디어를 사용하는 모든 대상자를 만족시켜야 함을 알게 되었다.

프로젝트 수업은 처음이기도 하고, 비대면으로 인해 조원들과 원활한 의사소통이 어렵다는 점이 아쉬웠지만, 아이디어를 떠올리는 것에서부터 시작하여 활동 계획을 수립하고 이를 이행하는 것까지 체계적인 계획을 바탕으로 활동했기에 그 과정에서 끈기와 추진력을 얻을 수 있었다.

향후 타 과목이나 회사에서 진행하게 될 프로젝트 준비에 있어서도 이번 활동이 매우 큰 도움이 될 것이라고 생각하며, 이번 활동을 성공적으로 마친 것 같아서 매우 뿌듯하다. '고양시 알바 연구소' 아이디어를 JB지역사랑프로젝트 활용에만 그칠 것이 아니라, 이를 고양시 일자리 정책과, 고양 시청, 공모전 등에 제출하여 여러 사람의 눈에 띄면서 실제로 실현되어 많은 사람의 고충을 덜고, 사업자, 아르바이트생, 대학생 등 많은 사람들이 조금 더 안정된 근무 환경에서 일을 하고, 아르바이트를 구인·구직할 수 있기를 간절히 바란다.

팀원5 OOO

이 프로그램에 참여하여 내가 살고 있는 지역의 현 아르바이트나 사업자들이 겪고 있는 불편함에 대해서 알아보고자 참여하게 되었고 여러 사업자와 아르바이트분들과 인터뷰한 영상을 보며 나 자신이 아르바이트를 하였을 때 임금 부당 대우를 받았을 때의 대처 방법이나 내 생각보다 여러 불편한 점들에 대해서 알게 되어 유익하였다. 개인적으로 생각하기에 개선되어야 할 점은 지금으로서는 딱히 없어 보인다고 생각한다. 활동 이후 의외로 많은 사람들이 임금 부당대우를 격은 일이 많다는 것을 알게 되었고 사람들이 고양시에서 일자리를 구하기 힘들어한다는 사실에 지금까지 쉬울 거라고만 생각했던 인식이 바뀌었다. 마지막으로 이 일에 참여하면서 여러 가지 처음 해보는 일들이 많았는데 이러한 일들을 하기 위해서 알아보는 시간들이 나를 성장시키는 계기가 되었다고 생각합니다.

팀원6 OOO

지역사랑 프로젝트에서 고양시의 임금 부당대우에 대해 조사하면서 임금 부당의 문제를 해결하기 위한 활동을 하게 되었습니다. 임금 부당대우에 대해 조사하며 주변에서 일어나고 있는 부당대우 등을 잘 알게 되었고 그로 인해 더욱더 우리 조에서 진행하고 있는 고양시 알바 연구소 사이트를 마련해야 한다는 생각이 들었습니다. 이 활동을 하며 아르바이트생의 입장 말고 알바를 고용하는 업자들의 얘기도 들어볼 수 있어 좋았고 아르바이트생들이 좀 더 마음 편하게 일하고 그에 합당한 임금을 받을 수 있었으면 좋겠다고 생각했습니다.

● 결과보고서 사례II

본 장에서는 〈JB지역사랑프로젝트〉 결과보고서(고양) 샘플을 살펴보고자 한다.

〈JB지역사랑프로젝트〉 결과보고서

수강 학기	2021학년도 2학기	담당교수	권혁 교수님
팀 이름	3조		
팀 구성원	팀장 : 박○아 팀원 : 박○림, 백○지, 서○은, 서○호, 서○찬, 신○은, 황○린		
팀 프로젝트 주제	고양형 주차 공유제 네이밍 개발(로고 등)		
연계기관 및 활동 대상	고양시, 주차관리과		

1. 활동 추진배경

	활동 추진 배경
내용	고양시에서 불법주차와 같은 다양한 주차 문제를 해결하기 위해 주차 공유제를 실시했지만, 실제로 주차 공유제를 이용하는 사람 수가 적고 주차 공유제를 실시하는 것에 대해 무지한 사람 수가 많아 적극적인 홍보와 관심이 부족하다고 느낌. 따라서 네이밍과 로고를 제작하여 고양시민에게 고양시 주차 공유제를 알리고자 활동을 추진하게 됨.  **주차 공유제란?** 평소 사용하지 않는 시간대에 비어 있는 주차장을 필요한 사람에게 대여해주는 시스템이다. ex) 밤 시간대에는 활용되지 않는 학교를 개방해 주차장을 공유하거나 낮 시간대 비어 있는 거주지 주차장을 필요한 사람에게 빌려준다.

주차장 부족 문제 해결을 위해 최근 주차 공유제를 도입했지만
이용 차량 극소수, 공유 주차장의 접근성이 낮음
➡ 적극적 홍보와 관심이 부족함

목표 : 고양시 주차 공유제 알리기
➡ 네이밍과 로고를 제작 후 완성하여 홍보지를 활용해 관심 유도

2. 구체적인 활동 진행내용 및 목표 달성 결과

(90% 이상 : ◎, 90% 미만 ~ 70% 이상 : ○, 70% 미만 : △)

구체적인 활동 계획	활동 진행 내용	달성률
1) '고양형 주차 공유제' 대신 사용할 네이밍 구상	팀원당 2개씩 네이밍 구상 후 투표 진행, 상위 6개의 후보로 MVP 가안 제작	◎
2) 네이밍 선호도를 확인하기 위해 네이밍 설문조사 실시	에브리타임에 홍보를 진행했지만 응답률이 저조해 2차 홍보 후 조사 마무리	○
3) 네이밍 설문조사 결과 취합	총 82명 응답, 상위 3가지: 00주차, ㄱㅇ주차, 주차할 고양	◎
4) '고양형 주차 공유제' 로고 제작(네이밍 설문조사 상위 3가지)	'주차할 고양', '00주차', 'ㄱㅇ주차'의 로고를 9주차~12주차에 걸쳐 완성함	◎
5) 인터뷰 질문지 제작	6주차에 1차 완성을 했으나 이후 피드백을 통해 11주차에 수정 후 제작 완료	◎
6) 인터뷰 대상 섭외, 인터뷰 실시	10주차에 섭외 시도를 했으나 실패, 질문지 수정 후 11주차~12주차 동안 대상을 섭외함, 13주차에 서면 인터뷰를 실시함	○
7) 인터뷰 영상 촬영 및 영상 편집	서면으로 인터뷰를 실시하였기에 영상 촬영이 불가능함.	△
8) 인터뷰 결과 취합 및 문서화	고양 시청 주차 교통과 주자 정책팀 김학선 주무관님께 인터뷰를 요청하고, 인터뷰를 실시한 뒤 이를 요약하여 문서화함	◎
9) 발표를 위한 PPT 자료 제작	교수님의 피드백을 통해 수정 및 보완하여 PPT 제작 완료	◎
10) 최종 발표	학생들과 교수님께 최종 발표 완료	◎

3. 연계기관 담당자 또는 활동 대상 인터뷰

	내용
인터뷰 전 팀 내 네이밍 회의	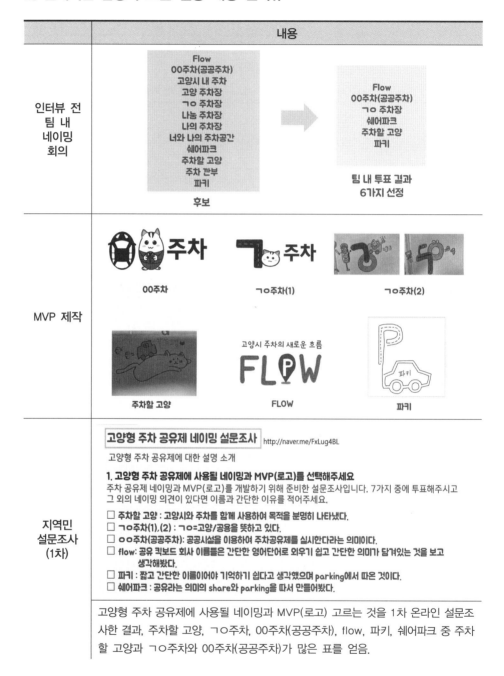
MVP 제작	
지역민 설문조사 (1차)	

고양형 주차 공유제에 사용될 네이밍과 MVP(로고) 고르는 것을 1차 온라인 설문조사한 결과, 주차할 고양, ㄱㅇ주차, 00주차(공공주차), flow, 파키, 쉐어파크 중 주차할 고양과 ㄱㅇ주차와 00주차(공공주차)가 많은 표를 얻음.

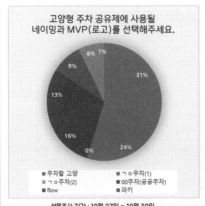

		응답	응답수	
👁	☐	주차할 고양: 고양시와 주차를 함께 사용하여 목적을 분명히 나타낸다	25	30.5%
👁	☐	ㄱㅇ주차: ㄱㅇ=고양공용을 뜻하고 있다	20	24.4%
👁	☐	ㄱㅇ주차(2)	0	0%
👁	☐	00주차(공공주차): 공공시설을 이용하여 주차공유제를 실시한다는 의미이다	13	15.9%
👁	☐	flow: 공유 킥보드 회사 이름들은 간단한 영어 단어로 외우기 쉽고 간단한 의미가 담겨있는 것을 보고 생각해봤다	11	13.4%
👁	☐	파키: 짧고 간단한 이름이어야 기억하기 쉽다고 생각했으며 parking에서 따온 것이다	7	8.5%
👁	☐	쉐어파크: 공유라는 의미의 share와 parking을 따서 만들어봤다	5	6.1%
👁	☐	기타	1	1.2%

82명 응답

2차로는 로고 제작의 필요성과 로고와 네이밍이 기억에 남는지 등을 설문조사를 실시했고, 그 결과로는 고양형 주차 공유제 로고 제작 필요성은 필요하다가 98%로 높았으며 '고양형 주차 공유제'라는 네이밍은 잘 기억에 남지 않지만, 추가로 제작되고 그중 많은 표가 나온 3개의 네이밍은 기억에 잘 남는다는 결과가 나옴.

로고와 네이밍이 기억에 남았던 이유로는 "고양이 캐릭터가 귀엽다, 캐릭터를 사용하여 제작해서 임팩트가 있다." 등 대체로 긍정적인 반응을 얻음.

ㄱㅇ주차(1)   **ㄱㅇ주차(2)**   **00주차**   **주차할 고양**

지역민
설문조사
(2차)

07 ◀ **2차 온라인 설문조사**

| **고양형 주차 공유제 네이밍과 로고 설문조사** | http://naver.me/5NdfEJWr |

저번 설문조사를 통해 선택된 주차 공유제 네이밍과 로고 (사진)

1. 로고 제작의 필요성
☐ 필요하다.
☐ 필요하지 않다 (1-1 문항으로 가주세요.)

1-1. 로고 개발이 필요 없다고 생각하신다면 그 이유는 무엇인가요?

2. 로고가 기억에 남는 정도를 체크해 주세요.

　　　　　　　1 2 3 4 5
기억에 남지 않는다. ○ ○ ○ ○ ○ 기억에 남는다.

07 2차 온라인 설문조사

고양형 주차 공유제 네이밍과 로고 설문조사 http://naver.me/5NdfEJWr

3. '고양형 주차 공유제'라는 네이밍이 기억에 남는 정도를 체크해 주세요.

        1 2 3 4 5

기억에 남지 않는다. ○ ○ ○ ○ ○ 기억에 남는다.

4. 위에 추가로 제작된 네이밍이 기억에 남는 정도를 체크해 주세요.

        1 2 3 4 5

기억에 남지 않는다. ○ ○ ○ ○ ○ 기억에 남는다.

5. 위에 추가로 제작된 로고와 네이밍이 기억에 남는 이유 또는 수정할 부분이 있다면 적어주세요.

07 2차 온라인 설문조사 - 결과 설문조사 기간 : 11월 10일 ~ 11월 18일 42명 응답

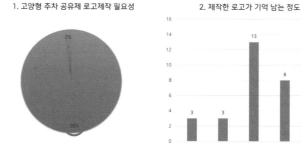

1. 고양형 주차 공유제 로고제작 필요성

2. 제작한 로고가 기억 남는 정도

07 2차 온라인 설문조사 - 결과 설문조사 기간 : 11월 10일 ~ 11월 18일 42명 응답

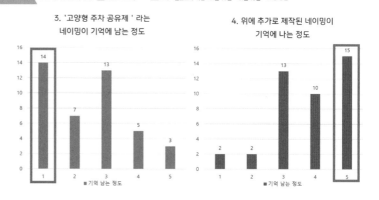

3. '고양형 주차 공유제 ' 라는
네이밍이 기억에 남는 정도

4. 위에 추가로 제작된 네이밍이
기억에 나는 정도

07 **2차 온라인 설문조사 - 결과** 설문조사 기간 : 11월 10일 ~ 11월 18일 42명 응답

5. 위에 추가로 제작된 로고와 네이밍이 기억에 남는 이유
또는 수정할 부분을 적어주세요.

- 주차할 고양이 너무 귀여워서 기억에 잘 남는다.
- 캐릭터를 사용하여 제작해 임팩트가 있다.
- 제작한 로고가 완벽한 것 같다.
- 고양이가 귀엽다!
- 지금도 좋지만 컴퓨터를 이용해 조금 더 섬세하게 작업하면 좋을 것 같다.

▶▶▶ 선정한 네이밍과 제작한 로고가 대체로 긍정적인 반응을 얻음.

연계기관 담당자 설문조사 (2차)

08 **연계기관 담당자 인터뷰**

답변자: 고양시청 주차교통과 주차정책팀
김OO 주무관

Q: 로고를 보았을 때 기억에 남는다고 생각하시나요?

A: 고양이를 형상화한 로고가 고양시 이미지에 부합하여
처음 보는 시민들도 기억에 남을 것이라고 생각합니다.

Q: '고양형 주차 공유제'라는 네이밍이 기억에 남는다고 생각하시나요?

A: 고양형 주차 공유제 네이밍을 보고 시민들이
'그게 뭐 지?'라는 의문이 들지 않도록 함축적인 내용이 들어가 있었으면 좋겠습니다.

08 **연계기관 담당자 인터뷰**

답변자: 고양시청 주차교통과 주차정책팀
김OO 주무관

Q: 주차 공유제에 대한 로고 제작이 필요하다고 생각하시나요?
(Q: 로고 제작이 필요 없다고 생각하신다면 그 이유는 무엇인가요?)

A: 시민들에게 친근한 이미지로 주차 공유제의 홍보를 위해서는 로고 제작도 필요하다고 생각합니다.

Q: 로고를 사용하게 된다면 관련 조형물 제작 의향이 있으신가요?

A: 고양시 이미지와 연관성이 높은 고양이를 상징으로 하여 로고를 제작하면
시민들에게도 더욱 애착이 가고 친근한 이미지로 부각될 것을 생각합니다.

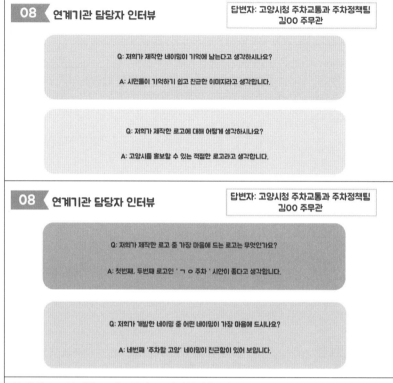

인터뷰는 고양시청 주차교통과 주차정책팀을 대상으로 함.

먼저, 로고 제작의 필요성과 관련 조형물 제작 의향에 관한 질문에서는 '시민들에게 친근한 이미지를 줄 수 있다고 생각한다'의 답변을 얻음.

직접 제작한 로고와 네이밍이 기억에 남는지에 대한 질문에서는 네이밍의 경우 '시민들이 기억하기 쉽고 친근한 이미지라고 생각됨'을, 로고의 경우 '고양이를 형상화한 로고가 고양시 이미지에 부합하여 처음 보는 시민들의 기억에 남을 것이라고 생각됨'의 답변을 얻음.

반면 '고양형 주차 공유제'라는 네이밍이 기억에 남는지에 대한 질문에서는 '시민들이 의문이 들지 않도록 함축적인 내용이 들어가 있으면 좋겠다'는 답변을 받음.   또한 제작한 로고와 네이밍이 '시민들이 기억하기 쉽고 친근하며 고양시를 홍보하기에 적절하다'라는 답변을 받음.   마지막으로 제작한 로고 중에서는 'ㄱㅇ 주차' 시안이, 개발한 네이밍 중에서는 '주차할 고양'이 좋다는 답변을 얻음.

이 인터뷰를 통해 제작한 로고와 네이밍에 대해 긍정적인 반응을 얻었다는 것을 알 수 있었으며 로고 제작은 홍보를 위해서 필요하며 관련 조형물도 제작된다면 더욱 홍보 효과가 클 것이라는 주차정책팀의 답변을 얻을 수 있었음.

4. 향후 현장 활동을 위한 제언

	제언
인터뷰팀	– 이번 활동을 하면서 향후에 성공적인 활동을 하기 위해서는 우선 인터뷰의 대상을 확실히 정하고 그 대상을 섭외하는 것이 정말 중요하다고 느낌. – 만약 설문조사를 실시한다면 많은 사람들을 참여시키는 것이 좋겠다는 생각을 했고 그러기 위해서는 제대로 된 홍보와 충분한 기간을 가지고 시행하면 좋을 것 같음. – 본격적인 로고 제작을 위해 협력할 수 있는 기관을 찾는 것이 중요하다고 생각하며 추후 관련 조형물을 제작하게 된다며 이를 설치할 공간을 찾아보는 시간을 가지면 좋을 것 같음. – 로고와 네이밍 후보 중에 가장 반응이 좋은 로고 및 네이밍을 선정하는 것이 중요함.
로고팀	– 참신한 네이밍 아이디어를 실현할 수 있도록 디자인적인 면에 있어 더 전문성을 띠면 좋았을 것 같음. 주차장에 조형물을 세우는 것 외에도 제작한 로고를 활용하여 고양시청, 고양 관광정보센터 등등의 기관에서 영상 및 지면 광고를 진행하는 것도 좋다고 생각함. – 아무래도 로고 제작을 해본 적이 없기 때문에 로고 제작을 하는 부분에 있어서 많은 어려움을 느낌. 로고 제작을 더 퀄리티 높게 만들기 위해서 관련 프로그램을 사용했으면 더 좋았을 것 같음. 또한 제작한 로고를 많은 고양시 시민들이 볼 수 있게 홍보하면 좋을 것 같음. – 창의적인 아이디어가 많이 필요했기에 팀원들과의 의사소통을 더 자주 했으면 좋았을 것 같음. 질적인 면을 더 신경쓰기 위해서는 로고 제작팀에 인원을 더 보충했어야 했음. 1인당 1~2가지의 로고 제작을 하는 방식으로 진행했으나, 색칠 담당, 스케치 담당처럼 역할을 나누어 했으면 더 좋았을 것 같음.
PPT 제작팀	– 향후 만든 로고를 활용하여 고양시 주차 공유제를 홍보하고 주차 공유제 실시하는 곳에 표지판을 설치하여 주차 공유제 장소를 표시하면 좋을 것 같음. – 제작한 로고를 활용하여 조형물을 제작하거나 포스터를 이용해 홍보를 진행한다면, 고양시 주민들이 고양시 주차 공유제를 알게 되어 이용수가 늘 것임.

5. 활동사진 첨부

	사진
PPT 제작팀	
로고 제작팀	

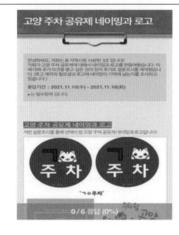

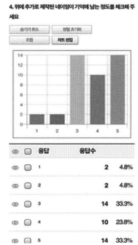

설문조사

인터뷰팀

인터뷰

발표자	
	포스터 제작 후 홍보

6. 팀원별 개인 에세이

	팀장 박○아	팀원1 박○림	팀원2 백○지	팀원3 서○은
1) 이번 현장 활동을 통해 무엇을 배웠나요?	협동의 중요성과 의사소통의 필요성, 고양시에서 주차 공유제를 시행한다는 점을 알게 되었습니다.	팀원들끼리의 협동, 의사소통이 매우 중요하다는 것을 알게 되었고 고양시에서 주차 공유제가 실시된다는 점을 알게 되었습니다.	주차 공유제의 존재 여부과 고양시에도 주차 공유제가 실시된다는 점을 알았습니다.	고양시 주차 공유제와 더불어 지역 행정을 알아볼 수 있는 기회가 되었습니다. 또한 팀원끼리의 협업을 위해 노력해야 할 점 역시 더 알게 되었습니다.
2) 수업에서 어려웠던 활동은 무엇이었나요?	디자인과 관련된 활동이 처음이라 로고의 질적인 면에서 어려움을 느꼈습니다.	아무래도 컴퓨터로 로고 제작이나 디자인을 해본 적이 없기 때문에 이 부분에서 어려움을 많이 느꼈습니다.	수업하면서 설문조사의 참여도가 낮아 활동이 지체되는 것이 어려웠습니다.	디자인 경험의 부족으로 로고 제작에 어려움을 겪었습니다.
3) 앞으로 내가 더 알고 싶은 내용은 무엇인가요?	'고양고양이'라는 캐릭터가 있는 것을 보고 고양시에 대해 관심이 생겼습니다.	다른 지역의 주차 공유제 로고는 어떤 것이 있는지 궁금하였습니다.	고양시 주차 공유제 말고 다른 지역 주차 공유제에도 관심이 생겨 다른 지역에서 이미	주차공유제뿐만 아니라 시민들이 불편을 겪고 있는 문제가 무엇이 있는지 알아보고 해

			실시하고 있는지 와 할 예정이 있 는지에 대해 알아 보고 싶습니다.	결하는 활동을 해 보고 싶습니다.
4) 이 수업에서 알게 된 나의 부족한 부분은 무엇인가요?	한 번에 하나만 생 각할 뿐 여러 가지 를 동시에 생각하 지 못한다는 것을 알게 되었습니다.	내 의견을 팀원들 에게 적극적으로 내지 못하는 점이 부족하다고 생각 했습니다.	과제를 미리 완성 하지 못하고 제출 마감이 다가와야 시작하는 습관이 생긴 것에 대해 알 게 되었습니다.	네이밍 이후 로고 제작으로 이어지면 서 창의력의 한계 와 디자인 능력 부 족을 느꼈습니다.
5) 이 수업의 학습 과정을 통해 무엇을 느꼈나요?	조원들과 주도적 으로 하는 방식이 었기에 의사소통의 중요성을 가장 많 이 느꼈습니다.	팀플활동이었기 때문에 조원들과의 협동력, 의사소통, 자기가 맡은 일에 대한 책임감에 대 해 중요성을 매우 많이 느꼈습니다.	팀원들끼리의 의 사소통과 각자 자 신이 맡은 일을 책임감 있게 해야 하는 것이 중요하 다고 느꼈습니다.	분업의 중요성을 제일 크게 깨달았 습니다. 또한 각자 맡은 업무에 대한 책임감이 팀플의 제일 중요한 요소 임을 느꼈습니다.
6) 기타 느낀 점이나 하고 싶은 말을 자유롭게 쓰세요.	제출 기한도 잘 지 켜주시고, 의사소 통도 잘 되었기에 만족스러운 활동 이었습니다.	조원들 각자 자신 이 맡은 일에 대 해 열심히 활동해 주셨기 때문에 별 탈 없이 마무리된 것 같습니다.	팀 활동인 만큼 활 동이 간단하지 않 았지만 팀원들 간에 소통이 잘 되 어 크게 어려움 없 이 활동하였습니다.	체계적인 분업과 팀원들의 책임감, 다양한 아이디어 제안이 있었기에 쉽지 않은 일이었 지만 마음 편하게 활동할 수 있었습 니다.
	팀원4 서○호	**팀원5 서○찬**	**팀원6 신○은**	**팀원7 황○린**
1) 이번 현장 활동을 통해 무엇을 배웠나요?	주차 공유제에 대해 알게 되었습니다.	고양에서 실시하 는 고양형 주차 공 유제라는 것을 알 게 되었고 팀 활 동을 하면서 서로 의 의사소통과 협 력이 필요하고 정 말 중요하다는 것 을 배웠습니다.	의사소통의 중요 성과 정확한 인터 뷰 대상설정의 필 요성에 대해 알게 되었습니다.	주차 공유제라는 것이 있다는 것과 고양시에서도 주 차 공유제를 실시 한다는 것을 알게 되었습니다. 또 팀 활동을 하면서 의 사소통과 적극적 인 팀 의견이 중 요하다는 것을 배 웠습니다.

2) 수업에서 어려웠던 활동은 무엇이었나요?	발표하는 게 익숙치가 않아서 긴장되고 힘들었습니다.	인터뷰 대상을 섭외하는 것과 설문조사 참여가 적었던 것이 힘들고 어려웠습니다.	최종 인터뷰 대상자로 변경하기 전 기존 인터뷰 대상자를 섭외하는 부분이 어려웠습니다.	ppt를 제작할 때 '어떻게 해야 가독성이 좋아질까?'라는 고민을 제일 많이 한 것 같습니다. 그래서 여러 버전을 제작해 보았고 그중에서 가장 보기 좋은 것을 선정하여 페이지에 추가하였습니다.
3) 앞으로 내가 더 알고 싶은 내용은 무엇인가요?	로고를 제작했을 때의 홍보효과가 포스터나 광고만큼의 정보 전달력이 있을지 궁금합니다.	우리가 제작한 로고와 네이밍이 추후에 실제로 쓰일 수 있을지 알고 싶습니다.	본격적으로 로고 제작을 하기 위해서는 어떠한 과정이 이루어져야 하는지 알고 싶습니다.	고양시에서 저희가 선정한 네이밍과 제작한 로고를 실제로 활용할 것인가에 대한 추후 현황이 알고 싶습니다.
4) 이 수업에서 알게 된 나의 부족한 부분은 무엇인가요?	자료탐색이나 발표가 익숙하지 않은 점이 발목을 잡았던 것 같습니다.	네이밍 의견을 내는 것 등을 했을 때, 창의력이 부족하다고 느꼈습니다.	창의성이 부족하다는 점과 세심한 점이 부족하다고 생각했습니다.	고양시 주차 공유제 네이밍을 고민하면서 창의성이 부족하다고 느꼈습니다.
5) 이 수업의 학습 과정을 통해 무엇을 느꼈나요?	위에 내용에서 알 수 있듯이 힘들었습니다.	내가 살고 있는 지역에 대해서도 더욱 관심을 가져서 이런 각종 행사나 제도들을 잘 활용해야겠다고 느꼈습니다.	고양시에 주차할 공간이 부족하다는 것을 다시 한번 느낄 수 있었습니다. 또한 조원활동이었기 때문에 협동심과 의사소통의 중요성에 대해 느꼈습니다.	주변에 있는 로고들과 네이밍이 쉽게 결정되지 않다는 것을 알게 되었습니다. 들으면 한번에 쏙 들어오는 그러한 네이밍과 여러 사람들에게 호감을 얻을 로고를 제작하는 것이 많은 힘이 든다는 것을 느꼈습니다.

| 6)
기타 느낀
점이나
하고 싶은
말을
자유롭게
쓰세요. | 좋은 팀원을 만난 것 같고 팀원들에게 고맙습니다. | 조원들이 모두 잘 참여해 주고 원활하게 의사소통을 해준 덕분에 잘 마무리할 수 있었고 새로운 것들을 알게 되어 좋은 경험이었던 것 같습니다. | 조원 간의 의사소통이 잘 되어 큰 문제점 없이 활동을 할 수 있었습니다. | 팀원들이 모두 적극적으로 팀 활동에 참여해 주어서 무사히 활동이 잘 끝난 것 같고, 저는 고양시에 거주하고 있는데 고양시 주차 공유제에 조금 더 적극적으로 관심을 가지고 추후 현황을 알고 싶다는 생각이 들었습니다. |

➲ 결과보고서 사례Ⅲ

본 장에서는 〈JB지역사랑프로젝트〉 결과보고서(충청) 샘플을 살펴보고자 한다.

〈JB지역사랑프로젝트〉 결과보고서

수강 학기	2021학년도 1학기	담당교수	오현규 교수님
팀 이름	이시국		
팀 구성원	팀장 : 송O혁 팀원 : 이O주, 허O지, 송O닮, 김O호		
팀 프로젝트 주제	아동과 어린이를 위한 코로나19 교육자료 제작		
분야(유형)	아동교육, 보건		

1. 활동 추진배경

2021년 어린이와 아동의 코로나19 감염사례가 눈에 띄게 증가하였다. 우리 지역에서도 대부분의 집단감염 사례가 아동 및 어린이가 이용하는 보육시설과 아동센터에서 발생했다. 2020년 말에는 고등학교와 보육시설에서, 2021년 5월에는 어학원을 시작으로 초등학교까지 집단감염이 이어지는 등 이렇게 아동 및 어린이의 집단감염 사례들의 경우 학교뿐만 아닌 방과 후 돌봄교실, 학원과 공부방 같은 교육 시설 등이 많은 비중을 차지하고 있다. 이러한 결과/지표는 아동과 어린이가 많은 시간을 보내는 시설임에도 불구하고 관리가 소홀했다는 것을 보여준다. 하지만 이러한 시설의 경우, 많은 이용자 수에 비해 시설 인원이 부족해 관리능력의 한계가 있다. 더욱이 아동과 어린이들이 주 이용층이기에 이러한 문제는 더욱 심화될 수 있다. 그러나 시설 관리 인원을 확충하는 것은 현실적인 어려움이 있다. 지방자치단체에서 운영하고 있는 다양한 복지시설의 경우 코로나19가 본격적으로 확산되기 시작하면서 이미 인력난에 부딪혀 실질적인 복지제도의 운용이 불가능하다. 따라서 시설의 주 이용층인 아동과 어린이의 적극적인 방역정책 참여를 기대할 수밖에 없다. 이를 위해서는 현재 실시되고 있는 아동과 어린이를 대상으로 하는 코로나19 교육을 살펴보아야 한다. 현재 코로나19 교육은 마스크 쓰기, 손 씻기, 사회적 거리 두기의 준수 등 단순히 방역수칙의 준수만을 이야기하고 있다. 그러나 코로나19의 장기화로 인해 많은 시민들이 지쳐 있는 현시점에서는 이러한 형태의 교육이 더 이상 유효하다고 볼 수 없다. 따라서 시민들의 적극적이고 장기적인 방역정책 참여를 유도하기 위해서는 방역수칙의 준수만을 강조하는 것이 아닌 방역수칙 준수 필요성과 본질에 접근할 수 있는 교육이 필요하다.

질병관리본부(현재 질병관리청)와 교육청은 아동과 어린이가 등원, 등교함에 따라 다양한 교육자료를 제공, 배포하였으며 학교에서는 다양한 활동과 교육이 진행되었다. 그러나 아동과 어린이를 대상으로 제작, 배포된 교육자료는 그 수가

적을뿐더러 어린이나 아동이 이해하기에는 어려움이 있었으며 그 내용은 방역 수칙의 의의, 필요성보다는 단순히 방역 수칙 준수를 강조하는 데에 그쳤다. 이러한 교육자료는 현재 심화되고 있는 방역 규칙 참여 문제를 해결할 수 없으며 악순환을 이어갈 뿐이다. 따라서 우리는 아동과 어린이를 대상으로 더욱 쉽게 다가갈 수 있는 교육자료를 제작하였다.

직접 제작한 교육자료는 교육대상인 아동과 어린이의 이해를 돕기 위해 단순히 텍스트만으로 구성하지 않고 동화책의 형식을 채택하여 코로나19의 특징, 방역수칙의 중요성과 실천 등의 내용을 스토리텔링을 통해 아이들에게 전달하는 것이 목표이다. 또한 동화책과 함께 동화책에 포함된 다양한 코로나19, 방역 규칙 등과 관련된 정보, 지역 사회의 보건소/선별 진료소의 위치 및 연락처, 올바른 손 씻기/마스크 착용법의 이해를 돕기 위한 그림자료 등을 포함하는 팸플릿, 영상 자료를 추가로 제작, 첨부하여 정확하고 이해를 도울 수 있는 첨부자료를 제공함으로써 지역사회의 다양한 기관을 통해 다양한 도움을 받을 수 있다는 것을 알리고자 한다. 이러한 목표의 실현을 위해 각 팀원이 현재 거주하는 지역의 보육 시설을 조사하였으며, 완성된 교육자료를 지역사회의 보육 시설에 제공하는 것을 최종 목표로 설정했다.

2. 구체적인 활동 진행내용

(1) 자료조사 : 동화책 제작에 기반이 되는 자료를 수집, 정리(4/26~4/28)

　① 개인별 자료조사 : 코로나19와 관련된 정보〈별도 첨부〉

　　• 정의, 전염경로, 잠복기, 증상, 예방, 치료, 지역사회의 보건소/선별진료소 등

　② 조사내용을 카카오톡으로 공유

　③ 공유한 내용을 선별하고 정리, 가공하여 자료집 작성〈별도 첨부〉

　　→ 이를 바탕으로 스토리 라인과 동화책과 같이 제공될 팸플릿을 제작

(2) 스토리 라인 작성 : 동화의 배경, 등장인물, 전개를 구성(5/3~5/7)〈별도 첨부〉

① 스토리 라인 담당자가 스토리 라인을 구성, 총 3개의 스토리 라인이 구성됨

- 토끼, 여우, 곰 등 동물들과 사람이 등장하며 각 동물들이 사는 마을을 통해 코로나19에 대한 잘못된 인식과 생활 습관을 강조, 사람이 운영하는 선별진료소를 통해 올바른 정보, 생활습관, 인식을 제공
- 코로나19 왕국의 왕자가 선생님과 어린이들이 있는 유치원을 정복하려고 하고 이를 선생님과 아이들이 올바른 정보와 생활 습관으로 물리침
- 마스크 요정이 코로나19 요정과 여행을 다니며 마스크의 필요성을 강조

② 스토리 라인을 카카오톡으로 공유

③ 의견을 공유하고 다음의 선정기준을 통해 3개의 스토리 라인 중 1개를 선정

- 동화책으로 제작할 때 이야기의 전개에 불편함이 없는가?
- 아이들이 쉽게 받아들일 수 있는 구성과 전개인가?
- 등장인물이 아이들에게 쉽게 접근할 수 있는가?
- 아이들의 흥미와 집중을 유발할 수 있는가?
- 다양한 정보를 손쉽게 포함, 전달할 수 있는가?

④ 동물들이 등장하는 스토리 라인으로 결정

(3) 동화책 제작 : 선정된 스토리 라인을 기반으로 동화책 제작(5/10~5/28)

① 내용 작성 : 선정된 스토리 라인을 기반으로 내용을 작성〈별도 첨부〉

- 아동과 어린이들이 쉽게 이해할 수 있도록 단순하고 쉬운 표현과 단어를 사용

- 총 3회의 수정과정을 거침
- 그림의 배치를 고려하여 내용을 구분

② 삽화 제작 : 작성된 내용에 따라 이해를 도울 수 있는 삽화 제작〈별도 첨부〉

③ 동화책 편집 : 미리 캔버스를 이용해 삽화와 내용을 편집〈별도 첨부〉

④ 동화책 완성 : 편집된 내용을 인쇄 후 코팅, 하드보드지를 이용해 완성 〈별도 첨부〉

(4) 동화책 전달 : 지역사회의 보육시설에 동화책과 간식을 전달(6/1)〈별도 첨부〉

- 초등학교 저학년의 어린이들이 주 구성층인 지역아동센터에 전달
- 약 40분간 6명의 어린이들과 참여형 교육활동 진행 및 활동에 참여하지 못한 팀원들의 어린이들을 위한 응원메시지 전달

3. 계획(목표) 대비 달성 정도 및 활동 결과

활동을 계획했던 당시에는 동화책 완성을 장담하지 못할 정도로 시간적 여유가 부족할 것으로 예측했으나 체계적인 역할분담을 통해 동화책 완성은 물론, 훌륭한 수준의 동화책을 제작할 수 있었다. 계획 단계에서는 다양한 정보를 담은 팸플릿을 제공하려 하였으나, 주요 활동 목표가 어린이 및 아동임을 고려하여 이전에 혹은 현재 학교에서 배부되고 있는 팸플릿 및 안내장으로도 충분하다고 판단하여 실행에 옮기지는 않았다. 또한 영상 자료의 경우 배포 방법에 대해 다양한 논의가 있었으나 아동 및 어린이 개개인에게 배포되기 어렵다는 최종 판단 하에 목표 구체화 단계에서 제외되었다.

가장 힘들었던 활동은 동화책을 전달할 시설을 선정하는 것이었다. 지역의 여러 시설 중에 적합한 곳을 선정하는 것도 어려웠지만, 방문 일정을 조율하는 것도 쉽지 않았다. 교수님의 지도를 통해 도움이 필요한 시설에 접촉할 수 있었

다. 이후 시설의 담당자와 일정을 조정하여 6월 1일 동화책을 전달하고 아이들과 교육 활동을 진행할 수 있었다. 계획 단계에서는 단순히 동화책을 전달하는 목표를 세웠었지만, 시설에서 아이들과 함께 시간을 보낼 수 있도록 기회를 마련해주어서 직접 동화책을 아이들에게 읽어줄 수 있는 활동까지 진행할 수 있었다.

4. 향후 현장 활동을 위한 제언

우리 팀 활동의 핵심은 전하고자 하는 핵심 내용을 스토리로 만드는 것이었다. 정보가 쏟아지는 오늘날 정보와 자료는 언제나, 누구나 확보할 수 있다. 하지만 정보와 자료 자체로는 분명 한계점이 존재한다. 정보와 자료가 모여 하나의 스토리가 될 때 공감과 이해라는 새로운 힘을 얻는다. 수많은 정보와 자료가 쏟아지고 있지만 어쩌면 우리는 스토리의 힘을 잊어가고 있는지도 모른다. 어린이뿐만 아니라 청소년, 성인, 노인 등 각 계층과 목적을 고려해 맞춤형 스토리로 공감과 이해를 통해 지역 사회의 문제점을 해결해 나간다면 보다 건강한 지역사회로 나아갈 수 있을 것이라고 생각한다. 우리의 활동이 건강한 사회로 나아가는 첫 발판이 되었으면 한다.

5. 활동사진 첨부

어느 숲속 마을에 토끼, 곰, 여우, 공작새가 모여서
이야기를 나누고 있었어요.

"우리 마을 토끼들이 갑자기 열도 펄펄 나고 기침도 엄청 한다?"

"너희 마을도 그래? 우리 마을에도 그런 곰들이 많아!"

토끼와 곰의 이야기를 듣던 여우는 옆에 있던 책을 펼치고 말했어요.

"토끼야 무슨 증상이 있는지 말해볼래?"

"우선 열이 37.5도가 넘을 정도로 엄청 높아!"

"우리 마을 곰들은 기침도 엄청 하고, 숨도 잘 못 쉬고,
몸을 떨면서 추워하기도 해."

"우리 마을 토끼들은 냄새랑 맛도 잘 못 느껴.
소화도 못하고 배도 아파해."

토끼와 곰의 말을 들은 여우는 책을 요리조리 살피더니
조심스럽게 말했어요.

"아무래도 코로나19 같아!"

여우의 말을 들은 동물들은 모두 깜짝 놀랐어요.
"코로나19라면 무서운 전염병 아니야?"

"맞아. 말을 하거나 기침, 재채기를 할 때,
또 악수처럼 다른 사람을 만질 때 옮긴다고 해."

여우의 말을 들은 토끼는 깡총 뛰어오르며 말했어요

"정말? 그러면 어서 마을로 돌아가서
다른 토끼들에게 알려야겠어!"

그렇게 토끼가 토끼마을로 총총 사라지자
다른 동물들도 마을로 돌아갔답니다.

"어떤 방법이 좋을까나?"

마을로 돌아간 토끼는 고민에 빠졌어요.

그러다 토끼는 코로나19가 말을 하거나 기침을 할 때
전달되는 것을 기억하고 마스크를 쓰기로 했어요.

4

토끼는 마스크를 쓰고서 마을을 돌아다니며
다른 토끼들에게 코로나19에 대해서 설명했어요.

그러고는 마스크를 나눠주면서
마스크를 꼭 쓰고 다니라고 알려주었어요.

"꼭 마스크를 쓰고 다녀야 해~"

"불편한데 꼭 써야 하는 거야?"

"마스크는 너뿐만이 위해 쓰는 것이 아니라
우리 마을 토끼들 모두를 위해서 쓰는 거야.
불편하더라도 꼭 쓰고 다녀야 해."

"알겠어. 모두를 위해서 꼭 쓰고 다닐게!"

5

곰은 마을로 돌아가 오랫동안 고민했어요.
그래도 마땅한 답을 찾지 못해 토끼마을을 찾아갔답니다.

곰은 토끼마을에 도착하고서는 깜짝 놀랐어요.
마을의 모든 토끼들이 마스크를 쓰고 다니고 있었기 때문이죠.

"토끼야 이게 무슨 일이야? 다들 마스크를 쓰고 다니네."

"아무래도 코로나19가 말하거나 기침을 할 때 전달이 되니까
마스크를 쓰는 게 좋을 것 같더라고."

"그러면 아픈 토끼는 더 이상 없겠네?

"분명 다들 마스크를 잘 쓰는데 아픈 토끼가 계속 나오네...
나도 이유를 모르겠어"

6

토끼의 말을 듣고 마을로 돌아온 곰은 마스크를 쓰고
마을을 돌아다니며 다른 곰들에게 마스크를 나눠주었습니다.

밤이 돼서야 집에 돌아온 곰은 다시 고민에 빠졌어요.

"마스크만으로는 부족해... 다른 방법이 있을까?
그래 바로 그거야!"

한참을 고민하던 곰은 갑자기 연필을 꺼내
종이에 무언가를 적기 시작했어요

7

다음날 아침이 밝아오자
곰은 종이를 들고서 마을 광장으로 향했어요.

"곰 여러분! 이 종이를 꼭 읽어보고 지켜주세요!
이 규칙은 우리 모두를 위한 규칙입니다!
잊지 말아 주세요!"

곰이 마을 게시판에 종이를 붙이자
마스크를 쓴 주민들이 다가왔어요.

"음... 사회적 거리 두기?"

맞아요. 종이에는 사회적 거리 두기가 적혀있었어요.
그리고 밑에는 단계별로 규칙이 적혀있었답니다.

"여러분 꼭 지켜주세요!"

8

똑똑한 여우도 마을로 돌아오자마자 다른 여우들에게 마스크를 나눠
주면서 최대한 집 밖으로 나오지 말고 집에만 있으라고 얘기했어요.

그러자 많은 여우들이 집에서 나가지 않았고
어쩔 수 없이 나갈 때는 마스크를 꼭 쓰고 다녔답니다.

하지만 시간이 지나자 집에만 있기 지겨워진 몇몇 여우들은
마스크를 벗고 마을 곳곳을 돌아다니며 친구들을 만났어요.
그리고 마스크를 쓰지 않는 여우들도 하나 둘 늘어났답니다.

9

공작새는 여우의 말을 무시했고,
마스크도 쓰지 않았어요.

오히려 마을 광장에 모여 거대한 파티를 열고서는
맛있는 음식을 먹으며 춤을 추고 이야기를 나눴어요.

"오늘 숲속 회의에서는 어떤 이야기를 했어?"

"토끼랑 곰 마을에 코로나19라는 전염병이 퍼졌대."

"코로나19? 그거 엄청 무서운 병 아니야?"

"에이, 금방 끝나겠지 옆 마을은 마스크도 쓰고,
집 밖으로 나가지도 못한다는데 그게 뭐니?
우리는 그냥 춤추고 놀자~"

공작새는 그렇게 매일 춤추고 떠들며 시간을 보냈답니다.

10

시간이 흘러 숲속 회의 날이 돌아왔어요.

토끼와 곰은 마스크를 쓰고 멀리 떨어져 앉아서
여우와 공작새를 기다렸어요.

"여우랑 공작새는 늦네..."

"너희들 거기서 뭐해?"
지나가던 강아지가 토끼와 곰을 보고서 말을 걸었어요.

"오늘 숲속 회의 날인데 공작새랑 여우가 오지를 않네요."

"그래? 여우랑 공작새는 오늘 못 올걸?
여우 마을이랑 공작새 마을의 많은 동물들이 코로나19에 걸렸거든.
여우랑 공작새도 코로나19에 걸려서 집에 격리되어서 누워만 있어."

11

강아지의 말을 들은 토끼와 곰은 깜짝 놀랐어요.

토끼마을은 비록 환자가 없어지지는 않았지만 많이 줄어들었고,
곰 마을은 환자가 거의 없었기 때문이죠.

"토끼야, 어떻게 해야 공작새 마을과 여우 마을을 도울 수 있을까?"

"우리가 사람 마을로 찾아가서 도움을 요청하자!"

사람 마을은 숲속 마을과는 조금 떨어져 있는 마을로,
사람 마을의 사람들은 코로나19에 대해서 많이 알고 있었답니다.

12

토끼와 곰은 한참을 걸어 사람 마을에 도착했어요.
사람 마을도 코로나19가 퍼져 모든 사람들이 마스크를 쓰고 있었어요.

토끼는 지나가던 사람에게 말을 걸었어요.
"코로나19를 막기 위해 도움을 받으려면 어디로 가야 하나요?"

"저기 앞에 보이는 보건소의 선별 진료소로 가보세요."

사람이 가리키는 곳에는 선별 진료소가 있는 보건소가 있었고,
토끼와 곰은 보건소로 달려가
사람들을 치료하고 있는 의사선생님을 만났답니다.

13

토끼와 곰이 숲속 마을에 대해 이야기하자
의사는 고개를 끄덕이면서 말했어요.

"역시 코로나19가 맞습니다. 주로 말을 하거나 기침, 재채기할 때
입에서 튀어나온 침방울이 다른 사람에게 전해지면서 전염이 됩니
다. 또 환기가 안되는 곳에 감염자와 같이 있거나 감염자와 접촉을
한 뒤, 손을 씻기 전 눈, 코, 입을 만져도 옮길 수 있습니다."

"그렇다면 숲속 마을은 어떻게 해야 하나요?"

"토끼마을처럼 마스크를 쓰고 생활하는 것은 필수입니다."

"그런가요? 그래도 마을에서는 아픈 토끼가 늘어나더라고요."
"답은 곰 마을에 있습니다. 곰 마을 곰들은 마스크를 쓰고 사회적 거
리 두기를 철저히 지켰어요. 덕분에 아픈 곰이 거의 나오지 않았죠.
이외에도 3분 이상 올바르게 손 씻기, 씻지 않은 손으로 눈, 코, 입
만지지 않기, 올바르게 마스크 쓰기, 모두 중요합니다."

14

곰이 조심스럽게 질문을 했어요.

혹시 코로나19의 증상은 무엇인가요? 마을에서 아픈 곰을 찾기가 어
려워서요."

"37.5도 이상의 열, 기침, 숨을 쉬기가 어렵고 냄새와 맛을 못 느끼는
등 다양한 증상이 있습니다. 가장 대표적인 증상은 바로 열인 만큼 열
이 높으면 검사를 받는 것이 좋아요. 그리고 감염이 되고 바로 증상이
나타나지 않고 5일에서 7일 정도 이후에 증상이 나타나기도 하니까
조심해 주세요.

코로나19 예방은 나뿐만이 아닌 모두를 위한 일입니다."

15

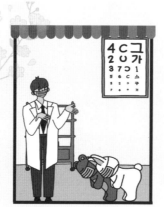

토끼와 곰은 감사의 인사를 하고 숲속 마을로 돌아갈 준비를 했어요.

"잠시만요! 여러분의 마을에서 코로나19 증상이 나타나는 동물들을 이곳으로 데려와주세요. 제가 검사도 하고 치료도 해드리겠습니다. "

"정말요? 감사합니다!"

토끼와 곰의 친구를 사랑하는 마음에 감동을 받은 의사선생님은 숲속 마을의 동물들을 도와주기로 했어요.

16

숲속 마을로 돌아간 토끼와 곰은 여우와 공작새를 비롯한 마을의 환자와 동물들을 사람 마을로 데려와 검사하고 치료했어요.

여우가 눈물을 글썽거리며 말했답니다.

"정말 감사합니다. 제 생각이 짧았어요. 그냥 집 밖으로 나오지만 않으면 될 거라고 생각했는데 다른 여우들의 생활을 생각하지 않았어요."

공작새도 훌쩍이면서 말했어요.

"정말 감사해요. 여러분이 도와주셔서 다행이에요. 마스크가 불편하다고 쓰지 않았어요. 다른 공작새들과 놀고 싶어서 토끼와 곰의 말을 무시하고 매일 파티를 열어 춤추고 떠들었어요. 정말 후회하고 있어요"

17

여우와 공작새는 마을로 돌아가 숲속 마을의 코로나19를 없애기 위해 최선을 다했답니다.

몇 달의 시간이 흘러 숲속 마을에는 다시 아이들이 마스크를 벗고 뛰어노는 소리가 가득했답니다.

숲속 마을 사람들은 마스크를 쓰고, 손을 깨끗이 씻고, 사회적 거리 두기를 지켜서 단 몇 달 만에 코로나19를 이겨냈습니다.

그러고는 숲속 마을에 보건소를 세워 혹시 모를 새로운 전염병에 대비하며 평화로운 나날을 보냈답니다.

18

〈그림 14-1〉 편집된 동화책

〈그림 14-2〉 완성된 동화책

〈그림 14-3〉 동화책을 통한 교육활동

6. 팀원별 개인 에세이

팀장 ○○○

코로나19가 심해지는 추세에 어린이들이 마스크를 잘 안 쓰고 다니는 모습을 보고 이 활동을 시작했고, 이 활동이 우리 지역의 아이들에게 조금이라도 도움이 되었으면 좋겠다는 생각을 했다. 더 많은 아이들에게 혹은 더 어린 아이들에게 동화책을 충분히 전달하지 못한 것이 아쉽고 이 활동을 하면서 나도 좀 더 조심하고 방역 수칙을 지켜야겠다고 생각했다. 어린이들을 위한 동화책을 만들면서 지역사회의 모습과 특징을 더 깊이 이해할 수 있었고, 나의 작은 관심과 노력으로도 지역사회에 도움을 줄 수 있어서 뿌듯했다.

팀원 OOO

코로나19가 유행하면서 과장되거나 잘못된 지식을 가지고 있는 연령대는 어린이들이라고 생각해 아이들의 눈높이에 맞춰서 제대로 된 정보를 알려주고 싶어 계획하고 참여하게 되었다. 이 활동을 하면서 나 자신도 제대로 된 정보들을 다시 한번 인식할 수 있었다는 점이 매우 유익했다. 또 과장되거나 거짓된 정보로 인해 지역사회에 큰 피해를 줄 수 있음을 생각하게 되었으며, 이 활동으로 인해 전염병과 같이 모든 국민들이 피해를 볼 수 있는 정보들은 연령, 성별 상관없이 모든 사람들이 알아듣기 쉬우면서 정확한 정보들이 전해져야 한다는 인식의 변화가 있었다.

팀원 OOO

우리 주위의 초등학교 고학년, 중·고등학생, 성인은 코로나19에 대해 올바르게 이해하고 예방법을 실천할 수 있으나, 유치원생, 초등학교 저학년 아이들은 코로나19에 대해 올바르게 이해하기 어려움이 있을 수 있었다. 주위만 둘러보아도 마스크를 왜 쓰고 다녀야 하는지 몰라 갑갑하다며 짜증을 내는 아이들이 있었다. 이런 아이들에게 도대체 코로나19가 무엇이며 우리는 왜 그것으로부터 우리를 보호해야 하는지 등을 동화책 형식으로 쉽고 재미있게 알려주는 활동이 굉장히 의미 있는 좋은 활동이라고 생각했고 이에 어린이를 위한 코로나19 교육자료 제작에 참여하게 되었다. 활동을 하기 전에는 어린아이들을 위한 교육 자료가 충분하지 않다는 것을 잘 몰랐었고, 코로나19가 시작된 2020년인 고등학교 3학년 때에는 학교 친구들만 만나다 보니 모든 사람들이 친구들과 같이 코로나

19에 대해 올바르게 이해하고 예방법을 잘 준수할 것이라고 생각하였다. 어린아이들은 우리와 같이 이 상황을 한번에 이해하고 예방법을 실천하기에는 너무 어린 나이임을 간과하고 있었다. 이번 활동을 통해 현재 제작되어 있는 코로나19 교육 자료는 아이들에게 너무 어렵고 이해되지 않는 자료임을 알게 되었고, 어린 아이들은 왜 방역수칙을 지켜야 하는지도 잘 모르는 상황임을 알게 되었다. 이를 바탕으로 아이들의 시선에서 코로나19에 대해 최대한 이해하기 쉽고 재미있게 배울 수 있도록 노력하며 코로나19 교육 자료인 동화책을 제작하였다. 나는 미래에 간호사라는 꿈을 꾸고 있는 입장에서 사람들이 코로나19 방역수칙을 제대로 지키지 않는 것과 백신에 대한 내용에만 관심이 있었지 이렇게 아이들에 대한 교육 자료가 부족하다는 것에는 무지했다. 특히나 아이들의 감염예방이 중요하다는 점에서 이에 대해 잘 숙지하지 못했던 나 자신에게 반성하며, 앞으로는 이러한 활동에 관심을 가질 것이라고 다짐하는 계기가 되었다.

팀원 OOO

코로나19로 인해 학교, 보육 시설이나 많은 곳에서 코로나19 예방법 및 올바른 마스크 착용법 등 교육을 하고 있는데도 불구하고 집단감염이 일어나고 있다. 20대, 30대보다 면역이 약한 아이들이 걸리는 경우가 많고 심각성이 드러나고 있는데 일부의 원인을 살펴보니 어려운 말들로 이해가 되지 않아서, 또는 너무 어른들 기준에 맞춰져 있는 교육방식들이 문제가 되었다. 이러한 점을 바탕으로 우리는 아이들이 쉽게 이해할 수 있는 교육자료로 동화책을 채택하여 다양한 코로나19 방역 수칙, 지역 사회의 보건소, 선별 진료소의 위치 및 연락처, 이해를 돕기 위한 그림 자료 등을 포함해 지역사회의 다양한 기관을 통해 도움을 받을 수 있다는 것을 알리고자 시작하였다. 동화책을 만들면서 나로 인해 사회에 도움이 되고 아이들을 코로나19로부터 조금이나마 지킬 수 있다는 생각에 괜히 뿌듯했고 활동을 하면서도 의미 있는 일이라 좋은 마음으로 해나갔다. 코로나19의 방역수칙 및 예방법 등에 대해 자료조사를 하면서 이렇게 많은 방법이 있었는지 알게 되었고 나 자신도 지키지 못했던 부분들이 있었다는 점 또한 알게 되었다. 이번 활동을 계기로 잘못된 점을 바로잡고 다 함께 코로나19를 이겨나가자는 마음을 다시금 마음에 새기게 되었던 것 같다. 처음엔 동화책을 만들어 본 적이 없는 나로선 너무 막막했고 어떻게 헤쳐나가야 할지 두려웠는데 직접 만나지 않고도 팀원들이 시간에 맞춰 잘 이뤄준 덕분에 이러한 좋은 결과를 얻은 것 같다. 마스크 때문에 답답한 지금 빠른 시일 내에 코로나19가 없어져 아이들이 두려움 없이 마음껏 밖에 뛰어노는 날이 왔으면 좋겠고 의료진 분들의 고생이 조금 덜어지는 날이 왔으면 좋겠다.

❷ 결과보고서 사례Ⅳ

본 장에서는 〈JB지역사랑프로젝트〉 결과보고서(충청) 샘플을 살펴보고자 한다.

〈JB지역사랑프로젝트〉 결과보고서

수강 학기	2021학년도 2학기	담당교수	오현규 교수님
팀 이름	수삼방범대		
팀 구성원	팀장 : 오O현 팀원 : 윤O진, 김O원, 송O호, 임O영, 김O송		
팀 프로젝트 주제	좋은 수삼을 소개하고 알리자!		
연계기관 및 활동 대상	금산축제관광재단 및 금산의 인삼 농가 등 관련 종사자		

1. 활동 추진배경

소비자들의 기호 변화와 다양한 건강식품 출시 등으로 인해 금산의 수삼 소비가 감소하고 있었다. 이와 더불어, 코로나19의 장기화로 인해 매년 이어져 오고 있었던 지역의 큰 축제인 금산 인삼 축제의 장도 닫히게 되었고, 외국인 관광객의 구매율도 대폭 하락하여 현재 금산의 수삼은 존폐의 위기에 치닫고 있는 상황이다.

지금까지의 수삼은 먹기 어려운 음식, 특별한 날에만 먹는 건강 기호 식품, 번거롭게 손질해서 먹어야 하는 음식 등으로 사람들에게 인식되어 왔다. 특히, 젊은 연령층에게 매우 생소한 음식으로 여겨지고 있다. 현재의 절망적인 수삼 판매율을 높이기 위해선 수삼의 인지도 향상이 절대적으로 필요하다고 생각했고, 우리 팀은 생소한 수삼을 친근한 존재로 만들겠다는 목표를 설정했다.

수삼을 친근한 대상으로 만들기 위해 우리는 여러 방법을 모색하고 의논하였다. 이 과정에서 우리의 삶에 빠지지 않는 것이 음악, 언제나 쉽게 들리고 접하는 것 또한 음악인 것을 고려하였다. 수삼을 쉽게 알릴 수 있는 CM송을 고려했다. 기존의 수삼 홍보 방식에는 아직 CM송을 활용한 홍보 방식이 없었다는 점도 눈에 띄었다. 이번 프로젝트에서 우리는 현재 수삼에 대한 인식을 변화시키기 위해 사람들의 청각을 자극할 음악을 이용하여 CM송을 제작할 것이며, 시각적으로도 기억에 남아 접근이 용이하게끔 귀여운 수삼 캐릭터를 제작하기로 하였다. 하여 결과적으로는 이 두 가지를 적극 이용함으로써 수삼의 효능과 활용 방법이 제시된 영상을 만들 계획이다. 누구나 쉽게 외울 수 있는 간단하고도 중독성 있는 멜로디와 귀여운 캐릭터로 인해 수삼을 가까운 존재로 인식시킴과 동시에 수삼의 효능을 알리고 활용 방법을 제시하여 수삼의 관심도를 높이고, 자연스레 구매 욕구로까지 이어지게끔 고려하였다.

2. 구체적인 활동 진행내용 및 목표 달성 결과

▶ 8주차 강의 중 팀 회의 시간에 한 의논 과정 순서 & 활동 목록 ◀

어떤 방식으로 수삼을 홍보하고 판매 촉진을 부를 수 있는지 각자 의견 제시 → CM송과 수삼 캐릭터 의견 도출 → CM송과 수삼 캐릭터를 이용한 영상 제작을 결정 → 10월 24일 오후 9시에 줌 회의 약속

{24일 회의까지 수행 후 회의 때 공유 & 상의할 목록}

- 20~30대 젊은 연령층과 50~60대 중장년층에게 한 사전 인터뷰(그 목적과 질문은 결과 보고서 3번에 기재함)
- 수삼 캐릭터 초안
- CM송 몇 가지 소스(최소 30초~1분 이내)
- 스토리 라인 최소 2~3가지(최소 2~3분)

※ 위 회의 내용 공유 후 작사의 방향 상의 예정

▶ 9주차 시작 전 10월 24일 줌 회의 내용 ◀

- 회의 시간 : 오후 9시~10시
- 상의 내용 : 미리 팀 단톡방에 공유한 사전 인터뷰 답변을 읽고 회의에 임하기로 했기 때문에 사전 인터뷰를 미리 습득한 상태로 회의에 임하였다. 스토리 라인 담당 팀원들이 가져온 스토리 시안 3가지 중 한 가지를 투표로 결정하였으며(CM송에 잘 어울리는 시안을 염두에 두고 결정), 이에 수삼 캐릭터 초안까지 확인하며 스토리 시안에 걸맞은 캐릭터 활용 방법과 관련하여서도 이야기를 나누었다. (스토리 라인과 공유를 진행하는 중 단톡으로 수삼의 효능을 확인하였음.) 앞선 것들을 종합하여 CM송 가사의 방향 또한 의논하였으며, 본격적으로 9주차에 해야 할 활동 목록들을 정하였다. (구체적인 내용은 아래 참조)

인터뷰 결과 : 결과 보고서 3번 참조

• 스토리 라인 시안 : ① 수삼방범대(비실비실한 수삼이들이 좋은 효능이 가득한 수삼을 먹고 튼튼한 수삼으로 변신(효능 나열) ② 마리오 게임같이 수삼의 효능 아이템을 먹고 마리오 진화 ③ 개그콘서트 '황해' 코너를 수삼 캐릭터로 패러디 = 위 3가지 중 ①번으로 결정

- 캐릭터 시안 : 기본 수삼 캐릭터 초안 확인 후 스토리 라인 상의 중 결정한 효능 5가지(간 기능 개선, 면역력 강화, 체력 증진, 집중력 향상, 스트레스 완화)의 전후 캐릭터의 생김새 방향 논의
- 작사 방향 : 사전 인터뷰의 답변을 참고하여 수삼의 정의를 꼭 가사에 넣기로 함. 또한 효능을 나열하고 그 뒤에 수삼의 활용 방식 또한 소개하기로 함.

※ CM송 소스는 작곡가의 사정에 따라 9주차에 공유 후 투표하기로 함.

▶ **9주차 활동** : 아래는 9주차 활동 목록으로 팀장이 단톡에 공지한 내용이다.

① 구체적인 영상 스토리 라인 구성 후 공유&확정
   *기한 : (가능하다면) 10월 26일까지

② 수삼 캐릭터 10가지 도안(수삼 효능 5가지 전후 캐릭터)
   *기한 : 스토리 라인 확인 후 2~3일 내

③ CM송 투표 후 확정(몇 가지 소스가 나오면 바로 모두에게 공유 후 투표 예정)

④ (CM송 소스 확정 후) 바로 가사 작성
   – 가사 내용 : 수삼 소개, 효능 및 효과 어벤저스, 수삼을 이용한 음식
   *기한 : CM송 소스 확정 후 1~2일 내

⑤ CM송 노래 녹음
   *기한 : 9주차 내. (안 된다면 10주차까지 하기)

+ 10주차 활동 예정 목록
– (9주차에서 밀렸다면) 노래 녹음
– 수삼 캐릭터 내레이션 녹음
– 영상 제작&검토

※ 1, 2, 3, 4번은 9주차에 모두 완료하였으나 5번은 녹음이 지연되어 가이드(가녹음) 버전만 공유하고 완성 본 녹음은 10주차까지로 미뤄짐.

▶ **10주차 활동** : 아래는 10주차 활동 목록으로 팀장이 단톡에 공지한 내용이다.

✓**10주차 목표 영상 제작 완성(아래 순서대로 진행)**

① CM송 노래 녹음 〉1절 끝나고 노래 페이드 아웃, 2절 시작할 때 살짝 앞부분부터 페이드 인으로 시작. 영상의 전개가 이런 식으로 흘러가기 때문에 1절, 2절 파일 따로 필요

② 수삼 캐릭터를 이용한 영상 제작
   - 수삼 노래 가사 파일과 스토리 라인 참고(CM송 가사의 흐름에 맞춰서 영상 스토리 진행)

③ 내레이션 녹음 후 영상 타이밍에 맞게 각각 집어넣기
   - (배경음악으로 저작권 없는 웅장하고 비장한 BGM)(처음엔 비장하게, 끝엔 근심 가득한 톤) 2021년, 수삼방범대, 그들이 온다. 허나 용맹한 이름과는 달리 그들의 표정은 하나같이 어둡기만 한데..
   - (수삼이들의 비실한 목소리) 우리는.. 수삼.. 방범대..!.. → 팀원 모두
   - (건강해지고 활기차진 수삼이들) 우리는~ 수삼~ 방범대! → 팀원 모두
   - (연기톤) 근데, 우리 수삼을 어떤 식으로 먹을까?
   - (연기톤) 우리가 알려줄게!

+ **11주 차 활동 예정 목록**
   - 교수님께서 주시는 피드백 반영

※ 1번은 10주차 내에 완료하였으나 2번 영상 제작이 생각보다 늦어져서 완성본이 아닌 11주차 교수님께 보여드릴 "영상 초안" 제작을 목표로 함. 이에 따라 2번과 3번이 11주차로 미뤄짐.

※ 11주차에 교수님께 보여드릴 PPT 초안과 결과 보고서 초안 또한 작성함.

▶ **11주차 활동** : 아래는 11주차 활동 목록으로 팀장이 단톡에 공지한 내용이다.

✔ 11주차(~15일)까지 영상 완성
  - 단체 내레이션 보내주시는 가이드라인 확인 후 최대한 신속히 보내드리기
  - 개인 내레이션 일단 개별 녹음 후 공유. 확인 후 수정 필요시 다시 녹음

✔ 사후 인터뷰 질문지 각자 2가지씩 생각 후 단톡에 공유(11월 13일까지)

✔ 각자 활동 사진 공유
  - 보낼 때 사진에 대한 상세한 설명 첨부(어떤 활동인지 등)
  - 기한은 오늘(9일)부터 계속.
  〈 ! 필수로 요구되는 사진 ! 〉
  - 수삼 캐릭터 제작 과정
  - CM송 제작 과정(작사, 작곡, 녹음)
  - 인터뷰
  - 스토리 라인 제작 과정
  - 영상 제작 과정
  - 뭐든 서로 의견을 주고받았던 그 과정
    (+위에 없는 그 외 활동 사진도 있다면 꼭 공유 바람)

✔ 결과 보고서, PPT 틈틈이 제작

✔ 유튜브 영상 게시

+ 12주차 활동 예정 목록
  - 사후 인터뷰 진행(영상을 보여주고 난 후 수삼에 대한 바뀐 생각, 영상 소감 및 피드백 등 답변 요청)
  - 유튜브 영상 게시 및 유튜브 링크 공유 등을 통한 홍보&피드백 요구(네이버 폼을 이용한 설문조사 예정)

+ 13주차 활동 예정 목록
  - 12주차에 받은 피드백을 수용하여 적극 반영 예정(영상 보완 및 수정 예상)

※ 내레이션 녹음은 모두 완료하였으나 영상 제작 중 수정 과정이 많아 12주차까지로 연기.

※ 사후 인터뷰 질문지 제작이 12주차로 연기.

※ 결과 보고서와 PPT 제작이 13주차로 늦춰지고, 활동사진은 12주차에 공유함.

▶ **12주차 활동** : 거듭되는 수정 끝에 영상을 최종 완성하였으며 사후 인터뷰 및 주변인 반응을 구할 때 필요한 질문지를 제작함.

▶ **13주차 활동** : 아래는 13주차 활동 목록으로 팀장이 단톡에 공지한 내용이다.

✓ 완성한 영상 주변인들에게 보여준 후 반응 구하기.(팀원 모두)
　– 사전 인터뷰 대상자들에게 사후 인터뷰와 함께 영상의 반응 구하기
　– 그 외 우리 모두 각자 주변인들에게 영상의 반응 구하기
　*기한 : 11월 23~26일

✓ 결과 보고서, PPT 완성

◈ **역할** ◈

• 팀 회의 · 활동 주도 및 매 주 활동 구성 후 안내 : 오○현

• CM송 MR 제공 : 김○원

• CM송 작곡 및 작사 : 오○현, 송○호, 임○영

• CM송 작곡가님과의 조율 도움 : 김○원

• CM송 가수 : 오○현

• 수삼 캐릭터 제작 : 김○송, 송○호

• 영상 스토리 라인 제작 : 윤○진, 김○송, 송○호

• 영상 내레이션 : 팀원 모두

• 영상 제작 및 수정 : 윤○진, 오○현

• 사전 인터뷰 및 사후 인터뷰 : 오○현, 임○영

• 주변인 반응 구하기 : 팀원 모두

• 결과 보고서 작성 : 오○현

• PPT 제작 및 수정 : 김○송, 송○호, 오○현

• PPT 발표 : 오○현

3. 연계기관 담당자 또는 활동 대상 인터뷰

우리 팀은 인터뷰를 사전과 사후로 나눠서 진행하였으며 사후 인터뷰를 진행했을 땐 그 외 주변인들에게도 질문을 던져 답변을 구했다. 인터뷰는 모두 비대면 카카오톡 채팅으로 진행하였으며 사전 및 사후 인터뷰 대상자는 20~30대 젊은 연령층과 50~60대 중장년층 각각 4명씩 진행하였으며 아래는 사전 및 사후 인터뷰의 질문들과 그 목적, 그리고 답변을 정리한 내용이다.(사전 인터뷰 대상자와 사후 인터뷰 대상자는 모두 같으며 그 외 반응을 구한 주변인들은 모두 20대 초반이다.)

- **사전 인터뷰 목적** : CM송 가사와 영상 제작 전 나이대별로 현재 수삼을 어떻게 생각하고 있는지 파악하여 더욱 효과적으로 수삼을 어필할 수 있는 요소들을 캐치하기 위함.

- **사전 인터뷰 질문 요약** : 평소 수삼의 이미지, 효능이 무엇이며 또 수삼의 홍보 영상을 보고 구매 욕구가 들었느냐.

- **사전 인터뷰 답변 요약**
  - 젊은 연령층 : 수삼을 아예 처음 들어봤으며 당연히 효능 또한 모르고 홍보 영상도 본 적이 없음. 수삼이 인삼의 "복제 버전"같이 느껴짐.
  - 중장년층 : 수삼과 그 효능에 대해서는 대강 알고는 있으나 홍보 영상은 본 적이 없음.

- **사후 인터뷰 목적** : 수삼에 대해 잘 모르고 홍보 영상을 본 적이 없던 대상자들에게 우리가 만들어 낸 수삼 홍보 영상을 보여줌으로써 본 영상의 의도대로 수삼에 대한 인식 변화가 있었는지와 구매 욕구가 드는지 등 반응을 구하기 위해.

■ 사후 인터뷰 질문 요약 : 수삼과 그 효능을 정확히 인지하였으며 영상을 보며 수삼을 영상과 같이 활용하여 먹고 싶었는지, 또한 영상이 기억에 남았으며 영상으로 인해 구매 욕구가 들었는지, 본 영상이 금산 수삼의 홍보 영상으로 적합한지.

■ 사후 인터뷰 답변 요약

- 젊은 연령층, 그 외 주변인들 : 어렵지 않고 즐겁게 금산 수삼이 뭔지 정확히 인지하였으며 간단하고 중독성 있는 노래와 귀여운 수삼 캐릭터로 수삼의 효능과 영상의 스토리 또한 기억에 강하게 남음. 영상으로 인해 수삼의 구매에 관심이 생겼으며 홍보 영상으로 아주 적합함.

- 중장년층 : 수삼의 효능을 더욱 구체적으로 알게 되었으며 쉬운 노래 덕에 절로 노래를 따라 부르게 되어 영상이 전체적으로 기억에 남음. 수삼의 활용 방법을 구체적으로 제시해 주니 수삼을 꼭 구매하여 영상과 같이 요리하여 먹어 보고 싶으며 연령이 높은 이들에게도 어렵지 않게 수삼을 소개해 주어 금산 수삼의 홍보 영상으로 적합한 것 같음.

4. 향후 현장 활동을 위한 제언

우리 수삼방범대는 중독성 있는 멜로디와 수삼의 효능, 그리고 활용 방법을 직관적인 가사로 잘 써낸 수삼 CM송과 수삼의 특징을 잘 담아낸 독창성 있는 수삼 캐릭터를 제작하여 이를 이용한 짧은 영상을 만들어 냈다. 우리 팀은 시간 관계상 이 영상을 주변 지인들에게 보여주고 피드백을 얻어 냈지만, 혹여 우리와 같이 CM송을 만들어 내거나 수삼 캐릭터를 제작하는 팀이 있다면 꼭 불특정 다수에게 피드백을 이끌어 내어 CM송 및 수삼 캐릭터 제작에 도움이 될 답변을 받으면 좋겠다.

영상 자체도 좋으나 CM송과 수삼 캐릭터를 따로따로 떼어 놓고 봐도 충분히 수삼 판매 촉진에 긍정적인 효과를 불러올 추가 활용 방안이 많이 있다. CM송은 수삼 행사장이나 수삼 관련 판매장 등에서 수삼 테마곡으로 쓰일 수 있으며 '수능 금지 송'같이 중독성 있는 요소도 보인다. 수삼 캐릭터는 수삼의 포장지에 상징적인 상표로 쓰일 수 있으며 이벤트로 수삼 인형으로 만들어 낼 수도 있다. 혹 우리와 같은 활동을 시도하려 한다면 이러한 추가 활용 방안도 어찌 더 효과적으로 발전시킬 수 있을지도 모색해 보면 좋겠다.

마지막으로 그냥 수삼에만 집중하는 것이 아니라 지역의 특성이 나타날 수 있도록 "금산 수삼"에 초점을 맞추어 향후 활동을 진행하면 좋겠다고 말하고 싶다.

5. 활동사진 첨부

1) 발표 PPT(일부)

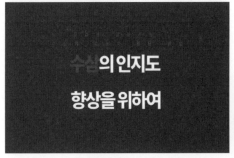

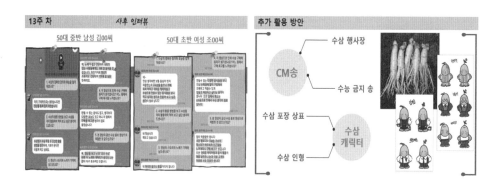

2) 수삼캐릭터

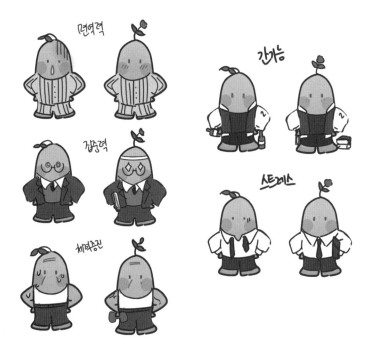

3) 영상 결과물

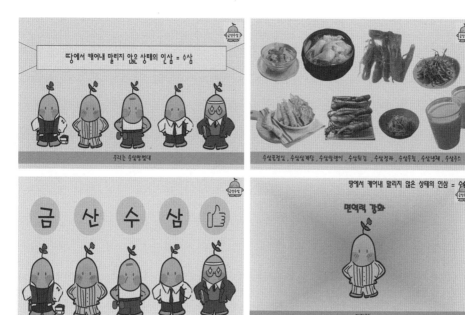

6. 팀원별 개인 에세이

1) 이번 현장 활동을 통해 무엇을 배웠나요?
2) 수업에서 어려웠던 활동은 무엇이었나요?
3) 앞으로 내가 더 알고 싶은 내용은 무엇인가요?
4) 이 수업에서 알게 된 나의 부족한 부분은 무엇인가요?
5) 이 수업의 학습과정을 통해 무엇을 느꼈나요?
6) 기타 느낀 점이나 하고 싶은 말을 자유롭게 쓰세요.

팀장 OOO

1) 각기 다른 사람들을 평화롭게 통솔하는 법과 협동심을 배울 수 있었음에
   좋았다. 또한 아예 모르던 수삼의 존재에 대해 아주 자세히 알고 갈 수
   있었다.

2) 현장 활동을 시작하기 전 여러 명이서 하는 프로젝트의 팀장 자리가 힘들 것을 각오하였으나 예상보다 더 힘이 들었다. 홀로 팀을 주도하여 먼저 안내하고, 모든 것이 내 손을 거쳐야 완성이 된다는 압박감에 스트레스를 받았던 것 같다. 또 개인적으로는 CM송을 녹음할 때 핸드폰으로 녹음을 하고 그 파일을 카카오톡상으로만 주고받으며 노래와 음성의 싱크를 맞춰야 했기에 이 부분에서 자꾸 박자 밀림, 음량 조절, 가사 물림 등의 문제가 생겨 여러 차례 녹음을 해야 했기에 지쳤던 것 같다.

3) 우리 지역사회의 문제에 관해 더욱 관심을 쏟고 알아 가고 싶다. 이번 프로젝트를 진행하며 지역사회의 문제가 다른 세상의 문제가 아닌, 결국 돌고 돌아 우리의 문제로도 다가올 수 있다는 깨달음을 얻었기 때문이다.

4) 프로젝트를 위한 모든 활동을 수행하는 도중 뭐든 내 손을 거쳐야만 안심이 되는 이 부분에서 '문제점'을 느꼈다. 또한 팀 내 역할 분배에 있어서 조금은 부족했단 생각이 든다.

5) 다시 한번 모두를 이끄는 리더의 자리란 것이 만만치 않은 것이라 느꼈으며, 지역의 문제의 해결법은 어느 누구도 아닌 우리 개인이 힘을 모아 해결할 수 있는 것임을 느낄 수 있었다.

6) 팀 프로젝트 활동이 분명 힘들었으나, 제일 배운 것이 많은 과목이라고도 말하고 싶다. 또한 대회에서 우수한 성적을 얻은 것이 내가, 우리가 노력한 것이 모두가 보기에도 인정할 만한 것이었음을 인정받는 느낌이었기에 매우 기뻤다.

팀원1 OOO

1) 땅에서 캐어내 말리지 않은 상태의 인삼이 수삼이라는 것을 알게 되었다. 또한, 이전에는 수삼에 대해 잘 알지 못했지만 이번 수업을 통해 수삼은 면역력 강화, 간 기능 개선 등 다양한 효능이 있고, 수삼세이크, 수삼잼 등 활용 분야도 다양하다는 것을 알게 되어 수삼이 생각보다 더 다양한

분야에 활용될 수 있다는 것을 깨닫게 되었다.

2) 편집이 조금 어려웠던 것 같다. 최대한 깔끔한 분위기의 영상을 연출하면 서도 수삼에 대한 정보를 최대한 많이 넣고자 하다 보니 편집이 처음에 생각했던 것보다 어려웠던 것 같다. 또한, 편집을 하면서 자막과 화면 그리고 노래의 싱크가 자꾸 밀려서 이를 해결하는 데 어려움을 많이 느꼈다.

3) 우리 학교는 금산군 추부면에 위치해있다. 자신의 학교가 어디에 위치해 있고, 해당 지역이 어떤 것들이 유명한지 등을 아는 것은 지역사회 공동체 일원으로서 해야 할 일 중 하나라고 생각한다. 따라서 나는 앞으로 수삼뿐 아니라 금산군에는 어떤 것이 유명한지, 어떤 문제점을 갖고 있는지 등을 알아가고 싶다.

4) 약간 자신감이 부족한 부분이 있어 영상 내레이션을 넣을 때 여러 번 녹음 을 해도 제대로 원하는 분위기의 내레이션이 나오지 않아 활동 내내 아쉬 웠다. 이 부분은(자신감 부족) 앞으로 다른 과제들이나 수업을 통해 좀 더 개선해야 할 부분이라고 생각한다.

5) 처음 이 수업을 들을 때에는 대학생의 신분으로 지역사회의 문제를 해결한 다는 것이 큰 부담으로 다가왔다. 또한, 의구심이 들었던 것도 사실이지만 활동을 하다 보니 거창한 결과물을 내지 않아도 지역사회의 문제에 누구 나 참여할 수 있고, 그렇게 여러 사람이 참여하다 보면 생각보다 훨씬 더 좋은 해결 방안이 나올 수 있다는 것을 알게 되었다.

6) 만약, 개인과제로 주어졌더라면 포기하고 싶었던 순간이 많았을 것 같다. 그러나 조별 과제로 진행하면서 조원들과 함께 논의하고, 어려운 점이 있 을 때 조원들에게 조언을 구하기도 하고, 피드백도 받으면서 점점 더 좋 은 결과물을 내는 과정이 좋았고, 의미 있었다. 또한, 그동안 열심히 그 누구 하나도 대충 하지 않고 성실하게 조별 과제에 참여해 주어서 너무 감사하다.

팀원2 OOO

1) 쉽게 접하지 못했던 수삼이라는 음식에 대해 알게 되었으며, 관심을 갖고 알려고 하지 못했다면 수삼이 현재 여러 가지 어려움(판매 부진과 많은 재고 등)에 처해있다는 사실을 알지 못했을 것이다.

2) 모두와 함께 시간을 내어 의견을 조율해 나가는 것이 어려웠다. 하지만 원만한 참여와 각자의 역량을 이끌어낼 수 있는 활동으로 그리 큰 문제는 되지 않았다. 그 외에도 전공이 아닌 디자인을 하려니 막막하기도 했다.

3) 어떠한 마케팅이 이루어지면 긍정적인 효과를 불러일으킬 수 있는지 더욱 알고 싶다. 마냥 양적으로 많은 것이 아닌 질적인 부분이 궁금하다.

4) 계획을 열심히 세우더라도 미루는 경향 때문에 모두가 함께 해야 하는 과제가 나로 인해 미뤄질 수 있다는 것을 깨달았다. 고치려 노력 중이지만 오랜 습관 때문인지 내 뜻대로 되지는 않았다. 또한 잡혀있는 일정이 많아서 쉽게 시간을 내는 것이 되지 않았다.

5) 무엇 하나 쉽게 이룰 수 없다는 것을 알게 되었다. 간단한 영상을 만들더라도 많은 능력과 인력이 요구된다는 것을 깨달았다. 또, 뭐든 스스로 하는 것을 좋아했는데 이번 수업을 계기로 나 혼자만의 힘으로는 부족한 점이 많다는 것이 있었다.

6) 많은 인원이 있어도 몇 명만 참여하는 것이 아닌 전체가 참여해야지 좋은 결과물이 나온다. 모두를 이끌어준 팀장님께 감사하다는 말씀드리고 싶고, 그것을 거부하지 않고 참여해 준 나머지 팀원들께도 수고했다는 말씀 올리고 싶다.

팀원3 OOO

1) 원래는 수삼보다 홍삼이나 인삼에 더 익숙했었는데 이번 활동을 통해 수삼의 의미와 활용 방법에 대해 더 잘 알게 되었고 우리의 이런 작은 행동 하나에도 지역을 발전시키고 도와줄 수 있다는 것을 알게 되었다.

2) 아무래도 수삼이 생소하다 보니까 수삼에 대한 정보를 모아서 정리하는 부분이 어려웠다. 그리고 우리는 수삼송을 만드는 프로젝트를 했는데 멜로디를 작곡하고 그 위에 노래를 박자에 맞게 입히는 과정이 어려웠다.

3) 이번 프로젝트가 끝난다고 우리 지역의 문제가 완전히 다 사라지는 것은 아니기 때문에 프로젝트가 끝나고도 수삼이 잘 팔릴 수 있도록 나부터 수삼에 대해 먼저 관심을 갖고 수삼을 더 널리 알릴 수 있는 방법을 모색해야 할 것 같다.

4) 남을 도와줄 수 있는 부분과 내 능력이 부족하다. 우선 내 역할을 끝낸 다음 일을 도와주든지 해야 하는데 나는 내가 해야 하는 일조차 끝내지 못하고 버벅거리고 있어 남을 도와주기도 벅찼다.

5) 처음에 지역 사랑이라는 교과명을 보고 '내가 어떻게 지역을 사랑하고 아낄 수 있을까?'라는 생각을 했었는데 이번 학습 과정을 하나씩 차근차근 밟아보면서 이렇게 간단한 방법으로도 지역을 사랑하고 아낄 수 있다는 것에 대해 알게 되었다.

6) 이번 조별 과제를 통해 협동이라는 것을 다시 한번 느낄 수 있었고, 포기하지 않고 여기까지 잘 이끌어준 팀장님께 고맙다는 말을 하고 싶다. 그리고 묵묵히 자기 역할을 잘 수행해 준 팀원들에게도 고맙다는 말을 하고 싶다. 서로 비난하지 않고 격려하는 팀이 된 것 같아 좋았다.

팀원4 OOO

1) 금산에서 유명한 수삼이 정확히 어떤 것인지 알게 되었고 수삼이 활용가치가 별로라고 생각하였지만 알아보니 생각보다 많은 음식에 활용될 수 있는 식재료라는 것을 알게 되었다.

2) 가사를 쓰는 것이 어려웠다. 생각보다 독창적이고 사람들 귀에 맴돌 수 있는 중독성이 있는 가사를 쓰는 것이 쉽지 않았다 또한 표절이라는 문제점이 있기에 더욱 조심스러웠던 것 같다.

3) 앞으로 수삼에 대해 더 관심을 가져보는 것도 좋은 것 같다. 좋든 싫든 재학 중인 학교가 금산에 위치해 있고 사람들에게 지금 다니고 있는 학교를 설명하기 위해서는 어디에 위치해 있는지를 알려줘야 할 것이다. 그러면서 설명을 하기 위해서는 특산물에 대해서도 알아두면 더욱 도움이 될 것 같다.

4) 팀원들에게 도움을 주고 싶지만 선뜻 나서서 한다고 하기에는 자신감이 부족하여 더 잘할 수 있는 부분을 돕지 못한 것 같다. 하지만 도움을 줄 수 있는 부분에서는 작은 일이라도 도우려고 노력을 한 부분은 잘한 것 같다. 더욱 자신감을 가지려고 노력을 할 필요는 있다고 생각을 한다.

5) 언뜻 '대학생이 이런 활동을 할 수 있다고? 너무 어려운 것 아닌가?'라고 생각할 수 있는 활동이었지만 하다 보니 욕심도 생기고 더 잘하고 싶다는 생각에 열심히 노력을 할 수 있었던 것 같다.

6) 혼자라면 힘이 들고 불가능할 것이라고 생각했던 활동들이 팀원들과 힘을 합치니 가능해진 것 같아 팀원들에게 고맙고 열정을 느낄 수 있어 더욱 팀원들이 멋있어 보였다. 그냥 지나갈 수 있는 의견도 좋은 답변을 해주며 피드백을 해주어 고맙게 생각을 한다.

팀원5 OOO

1) 금산의 특산물인 수삼에 대해서 잘 알게 되었고, 코로나로 인해 수삼 판매량이 줄어 있는 상황에 수삼을 판매량을 높이는 방법, 수삼의 효능을 효과적으로 홍보하는 방법, 지역 경제를 되살리는 방법에 대해서 배웠고 조별 과제를 함으로써 시간 약속의 중요성, 팀워크도 배웠다.

2) 수삼을 홍보하는 방법을 고민하던 중 CM송 만들기 아이디어가 제안되어서 작사, 작곡을 맡게 되었는데 아무래도 전공과는 거리가 멀어 작사하는 것이 어려웠다. 하지만 여러 논의를 거쳐 지금의 완성도 높은 CM송이 만들어졌다.

3) 지금까지 프로젝트를 하면서 많은 것을 배웠지만 후에도 알고 싶은 것은 우리가 만든 CM송 및 애니메이션을 통해서 얼마나 많은 홍보효과를 불러 일으킬지가 궁금하다.

4) 조별 과제로 학습을 하였기 때문에 어떠한 팀이나 집단에 소속되어 있을 때 협동심, 약속, 적극, 리더십, 창의성이 필요하다는 것을 느꼈다.

5) 먼저 지금까지 많은 회의를 거쳐서 아주 멋진 창작물을 만들어낸 우리 조 원분들께 감사한 마음을 표하고 싶다. 또한 후에 이러한 조별 과제가 있을 때 이번에 잘 하지 못한 부분을 더욱 개선하여 더 좋은 결과를 이끌도록 노력할 것이다.

WORKBOOK 14

본 장에서는 결과보고서 발표의 중요성을 알아보고, 발표 스킬과 기술을 파악해보고자 한다.

팀 프로젝트

1 다른 팀 발표 시 질문 1개씩 하기

1팀 질문	
2팀 질문	
3팀 질문	
4팀 질문	
5팀 질문	
6팀 질문	
7팀 질문	
기타	

2 다른 팀 발표 리뷰

1팀 리뷰	
2팀 리뷰	
3팀 리뷰	
4팀 리뷰	
5팀 리뷰	
6팀 리뷰	
7팀 리뷰	
기타	

3 심사하기

심사항목	배점	1팀	2팀	3팀	4팀	5팀	6팀	7팀	8팀
창의성	20								
적합성	20								
실현가능성 (구체성)	20								
지속가능성	20								
논리/설득력 (발표)	20								
합계(100점 만점)									

4 발표 후 한줄 소감

Project Note

JB지역사랑
프로젝트 콘서트

본 장에서는 〈JB지역사랑프로젝트〉의 우수사례를
소개하고자 한다.

CHAPTER

15

생각해보기

"저것은 벽/어쩔 수 없는 벽이라고 우리가 느낄 때/그때/담쟁이는 말없이 그 벽을 오른다/물 한 방울 없고 씨앗 한 톨 살아남을 수 없는/저것은 절망의 벽이라고 말할 때/담쟁이는 서두르지 않고 앞으로 나아간다./한 뼘이라도 꼭 여럿이 함께 손을 잡고 올라간다/푸르게 절망을 다 덮을 때까지/바로 그 절망을 잡고 놓지 않는다/저것은 넘을 수 없는 벽이라고 고개를 떨구고 있을 때/담쟁이 잎 하나는 담쟁이 잎 수천 개를 이끌고/결국 그 벽을 넘는다"   -도종환의 詩, '담쟁이'

〈JB지역사랑프로젝트〉 참여를 통해 다양한 방법으로 지역사회 앞에 놓인 문제를 해결하기 위해 노력해왔다. 〈JB지역사랑프로젝트〉를 통해 사회 변화를 이끄는 다양한 주체의 혁신적 아이디어, 지역사회를 위한 나눔정신을 기대하며, 앞으로도 내 앞에 놓인 장애물, 친구의 앞에 놓인 장애물을 서로 돕고 의지하며 '함께' '같이' 그 벽을 뛰어넘어보자.

15
CHAPTER

JB지역사랑프로젝트 콘서트

➲ 우수사례 I

주제	어우! 감사 엽서 프로젝트(어르신+우정문화)
팀명	감4인4팀

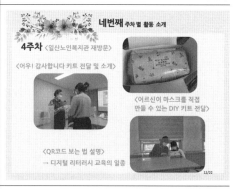

→ 우수사례 II

주제	금산 수삼과 성격테스트의 컬래버레이션
팀명	수삼알리조

사람들의 반응 (홍보부문 정)

" 해당 성격테스트를 통하여 수삼 종류의 다양성과 인삼 중에서도 알려지 않은 인삼을 수삼이라고 하는 것을 알게 되었다. "

" 같은 JB지역사랑 프로젝트를 듣는 입장에서 성격테스트라는 소재 자체가 흥미롭게 다가왔습니다. "

" 질문이 적은 것에 비해 결과가 정확해서 열심히 만드신 것 같다는 생각이 들었습니다. "

" 수삼으로 할 수 있는 요리도 소개해주고 레시피도 추가로 링크 넣어둔 부분이 괜찮았습니다. "

" 수삼과 심리테스트를 접목시킴으로써 수삼에 대한 궁금증을 유발할 수 있었다. "

" 수삼에 한번 더 관심을 가지게 되었고 몰랐던 음식을 알게되어 유익한 시간이었습니다 "

" 결과마다 나오는 사진의 출처가 다 달려있어 완성도 부분에서도 좋았습니다. "

" 저의 성격이랑 완전 똑같이 나와서 진짜 신기했습니다. "

" 수삼 알리조의 수삼 성격테스트에 참여하게 됨으로써 수삼에 대해 알게 되었습니다. "

사람들의 반응 (아이템부문 정)

" 심리테스트로 흥미와 궁금증은 유발했지만, 수삼에 대한 정보를 얻기에는 부족했습니다. 그 내용을 성격테스트에 어떻게 담을 수 있을지 고민해보면 좋겠어요! "

" 예상 가능한 답변이어서 좀 신박한 답변들이 있었으면 좋겠다. "

" 선택지가 조금 더 많았으면 좋을 것 같습니다. "

" 수삼을 알리는 성격테스트인데 수삼에 대한 내용을 많이 담고있지는 않아서 그건 좀 아쉬웠어요. "

" 테스트가 너무 짧은 것 같아서 살짝 아쉽다. "

" 마지막 결과 부분에 글자가 너무 작습니다. "

" 조금 더 많은 문항이 있으면 좋겠습니다. "

" 처음이나 마지막에 수삼이 무엇인지 한 문장이나 한 마디로 설명했으면 수삼에 대해 더 잘 알 수 있었지 않을까 생각합니다. "

팀원들의 소감 (이번 활동을 마무리하며.)

팀장
팀 활동을 하면서 결과를 최종적으로 결정하는 과정들에서 팀원 분들도 의견이지만 팀원분들이 의견과 참여를 잘 해주셔서 좋은 결과를 낼 수 있었고 조별과제를 진행하면서 회의를 진행하는데 다들 너무 잘해도 잘 해주시고 의견도 잘 내주셔서 회의를 하는데 별 어려움 없이 잘 진행될 수 있었어요 다들 너무 고생하셨습니다.

팀원1
한 학기 동안 진행한 활동을 무사히 마칠 수 있어서 뿌듯하고 활동 중 어려움이 있었지만 팀원들과 잘 해결해나가기에 되면서 좋은 경험이 되었습니다.

팀원2
많은 어려움이 있었지만 팀원분들 덕분에 과제를 무사히 마무리할 수 있었다고 생각합니다.

팀원3
팀 활동을 할 때 조원들이 다 같이 잘 참여해 주고 함께 좋은 결과를 내게 된 것 같아 뿌듯했습니다. 혼자 맡으면 힘게 어려웠을 법도 했던 이번 활동을 통해서 조별 활동의 필요나 중요한 것인지 깨달게 되었고 팀원들을 기울 수 있어서 좋은 게 거기가 되었던 것 같습니다.

팀원4
처음에는 이번 활동을 잘 해낼 수 있을까 걱정이 되었지만 팀원들이 적극적으로 참여해주시고 너무 잘 해주셔서 무사히 해낼 수 있었습니다. 이번 활동을 통해서 어려웠는 일지 못했던 수삼에 대해 많이 알게 되었고 금산 수삼을 많은 분들에게 알릴 수 있었기에 뿌듯하고 뜻깊은 활동이 되었습니다.

팀원5
주제가 어려웠지만 뜻있하고 의미 있는 활동이 되어서 기뻤습니다. 힘이하고 활동할 때 모든 조원이 적극적으로 참여하고 잘 이끌어 주셔서 조원분들에게 감사했습니다.

감사합니다

질문이 있다면 말씀해주세요.

에필로그

"우리가 직접 지역사회 문제 발굴하고 정책제안까지 합니다"

중부대학교 제1회 'JB지역사랑프로젝트' 경진대회

중부대학교 고양캠퍼스 세종관에서 4일 제1회 'JB지역사랑프로젝트' 경진대회가 열렸다. 이번 대회는 'JB지역사랑프로젝트' 교과목의 활동성과를 대외적으로 확산하고 공유하기 위한 자리로 고양·충청 캠퍼스에서 이원진행됐으며 고양 9팀, 충청 10팀이 각 8분씩 발표, 심사위원의 질의응답 순으로 진행됐다.

이번 첫 경진대회는 분반별 1차 평가를 거쳐 선발된 총 19팀의 발표로 진행됐다. 평가항목은 ▲지역성 ▲혁신성 ▲실현가능성 ▲지속가능성 ▲프레젠테이션 역량 등이다.

심사는 최경애 중부대 학생성장교양학부 학부장, 박은영 중부대 창업센터장, 성남신 전문위원(고양시 관광과)이 맡았다. 본선 심사 점수에 따라 최우수상(총장상), 우수상(고양시장상, 금산군수상, 한국우편사업진흥원장상), 아이디어상과 부상이 수여됐다.

엄상현 총장은 축사를 통해 "1학년 전체가 수강하고 경진대회로 피드백하는 것은 대학에서 처음하는 과목일 것"이라며 "1년 반 동안 준비한 교과인 만큼 중부대의 시그니처 교과로 자리잡을 것으로 확신한다"고 말했다.

JB지역사랑프로젝트'는 학생성장교양학부 교양필수 정규교과목으로 대학이 속해 있는 지역사회에 대한 이해를 바탕으로 지역사회의 문제를 발굴하고 이를 해결하기 위한 활동에 중점을 둔 특화교양교육과정이다.

이날 본선에 출전한 팀의 제안은 지도교수와 함께 보완해 정책제안으로 고양시나 정부에 제출할 예정이다. 심사를 맡은 최경애 교수는 "의미를 공유하고 발전하는 계기가 되고, 올해 진행된 것이 다음 학기로 연계되기를 기대한다"고 말했다.

'고양시 알바연구소 홈페이지 제작'을 발표해 최우수상을 받은 나누미 팀

고양캠퍼스에서 본선에 진출한 9개 팀 중 최우수상(총장상)은 '고양시 알바연구소 홈페이지 제작'을 주제로 발표한 '나누미' 팀이 수상했다. 나누미 팀은 알바생들이 임금체불 등 부당한 대우를 받고, 업주들은 알바생을 채용하기 어렵다는 점에 착안해 고양시가 알바연구소 홈페이지를 구축해 구인구직을 활성화할 것을 제안했다.

알바생이 일을 하고 3일 이내 급여 지급 → 알바생이 임금 수령 확인란 체크 →고양시에서 업체에 인센티브 제공, 구인구직 수수료는 면제 등의 아이디어다. 업체 대상 설문조사 결과 인센티브는 지급급여의 3%가 적당하다는 결과 등 구체적인 방안을 제시해 높은 점수를 받았다.

우수상(고양시장상)을 수상한 '4조'는 청소년유해매체근절 캠페인을 주제로 발표했다. 4조는 고양고양이 캐릭터를 활용해 청소년들의 유해매체 접근을 막기 위한 포스터, 카드뉴스, 배너 등의 홍보물을 제작했다.

청소년유해매체 근절 캠페인을 발표해 고양시장상을 받은 4조

우수상(한국우편사업진흥원장상)을 수상한 '감4인4팀'은 '어우! 감사엽서프로젝트'를 발표했다. 이들은 코로나19로 활동이 제한된 노인들의 정서문제에 접근해보자는 취지로 일산 노인복지관에서 어르신들의 사진을 찍어 우표를 제작하고, 압화엽서 제작, 마스크 DIY키트를 제작해 제공했다.

그 외 6팀은 아이디어상을 수상했다. 초등학교에서 연극과 뮤지컬 수업을 통해 문화예술 감각과 진로선택의 폭을 넓히는 활동을 한 '고양시를 도와조', 환경부에서 시행하는 탄소포인트제를 학교에 적용해 중부탄소포인트제를 제안한 '중부방범대', 빌라촌 재활용시설 설치 정책을 제안한 '쓰레기방범대', 비대면 블랙프라이데이를 제안한 '3조'. 낙후된 골목에 11개 조명을 설치한 '햇님이', 대중교통 이용불편을 해소하기 위한 QR코드 스티커를 제안한 '나랑같이버스타조' 등이다.

3시간이 넘게 진행된 이번 경진대회는 대학 새내기들이 청년의 시각으로 사회문제를 파악하고 아이템 선정, 설문조사, 현장조사 등을 하며 좌충우돌했을 노고가 느껴지는 뜨거운 발표의 현장이었다.

출처 : 고양신문(2021.06.08.)

본 장에서는 JB지역사랑프로젝트 마지막 단계로서 팀별로 프로젝트를 발표하고, 서로의 성장을 응원하며 본 과정을 마무리하고자 한다.

팀 프로젝트

1 JB지역사랑프로젝트 콘서트

다음의 내용으로 PPT를 작성하여 2분간 발표한다.

① 나의 JB지역사랑프로젝트 도전

② 사전-사후 비교

③ 한 학기 동안의 내용과 성과

2 매 주차 수업 시 팀원들과 소통을 하면서 진행한 팀원 인터뷰를 정리합니다.

인터뷰를 바탕으로 내 동료를 칭찬합니다.

"내 동료를 칭찬합니다!"

팀원①	
팀원②	
팀원③	
팀원④	
팀원⑤	
팀원⑥	
팀원⑦	
팀원⑧	

3 수업을 마치며

김구(2016). 스마트사회와 공동체: 휴머니즘 공동체와 스마트정보기술의 융합. 대영문화사.

김상민·이소영(2020). 지역 사회혁신 촉진을 위한 참여적 지역 거버넌스의 역할: 서울시 성북구와 충남 홍성군을 사례로. 지방행정연구, 34(1), 49-90.

김태현·이태희·윤기학(2015). 서울의 대학·지역사회 협력실태와 증진방안. 서울연구원.

김혜정(2012). 지역사회 시민의 참여활동과 영향요인. 한국행정학보, 46(2), 213-240.

김희주·원효헌(2019). 역량기반 교육과정 전환을 위한 조건 탐색. 수산해양교육연구, 331(1), 287-297.

노동권·장대선·장준호(2017). 지역사회와 지역대학 연계발전방안: 협력 프로그램과 대학생의 주거 공간마련을 중심으로. 지역사회발전학회논문집, 42(1), 65-79.

박민정(2008). 대학 교육의 기능과 역할 변화에 따른 대안적 교육과정담론: 역량기반 교육과정의 교육적 함의. 교육과정연구, 26(4), 173-197.

박상옥(2015). 학습동아리 활성도가 지역공동체의식과 사회적 자본에 미치는 영향. 평생학습사회, 11(3), 195-220.

박원진·이바름·백선영·설규주·정문성(2019). 2015 개정 교육과정 사회과 성취기준 구현을 위한 프로그램 설계 방안 연구: 백워드 설계를 중심으로. 시민교육연구, 51(4), 91-124.

박희봉(2006). 시민참여와 로컬 거버넌스. 한국정책과학학회보, 10(2), 1-23.

배진형·안정선·방진희(2021). 코로나(COVID-19) 시기, 지역사회 멘토링과 대학 멘토 지원사업의 성과에 대한 연구. 학교사회복지, 54, 129-160.

성지은·조예진(2014). 지속가능한 사회·기술시스템으로의 전환 실험 비교: 지역 기반의 녹색 전환 실험을 중심으로. 기술혁신연구, 22(2), 51-75.

성지은·한규영·정서화(2016). 지역문제 해결을 위한 국내 리빙랩 사례 분석. 과학기술학연구, 16(2), 65-98.

송경재(2007). 한국의 사회적 자본과 시민참여. 국가전략, 13(4), 101-129.

신명환·이민규(2020). 지역방송 프로그램의 인식 유형 연구: 지역성에 대한 Q 방법론 적용. 주관성 연구, 53, 57-76.

안정임 · 최진호(2020). 디지털 시민성 역량이 공동체 의식에 미치는 영향: 연령대별 차이를 중심으로. 정치커뮤니케이션연구, 57, 133-177.

이광우(2015). 2015 개정 교육과정에서의 핵심개념, 핵심역량. 한국가정과교육학회 2015년도 추계학술대회 발표자료집.

이왕건(2005). 지역공동체 조성과 민관협력. 국토, 19-26.

이원종 · 김선기 · 김현호 · 남윤우 · 박경숙 · 박인성 · 배준구 · 설경원 · 이무용 · 이원섭 · 정종석 · 주성재 · 차미숙 · 최상철(2015). 지역발전 정책론: 이론과 실제. 율곡출판사.

이윤주(2018). 학교와 지역사회 연계 네트워크 구축을 통한 실천 중심의 청소년 참여 방안 모색. 사회과교육, 57(1), 17-35.

이의용(2021). 동굴에서 광장으로. 학지사.

이창수 · 김성운(2014). 지역사회 자원봉사 활동 참여 증진 방안 연구-지역사회 자원봉사자 의식을 중심으로. 청소년보호지도연구, 21, 105-125.

이현철 · 주동범 · 김광석 · 이원석(2020). 지역사회 협력적 교육거버넌스 구축을 위한 모델 개발. 한국자치행정학보, 34(4), 115-132.

전희정 · 이순덕(2021). 자발적 민간 지역사회 돌봄서비스 질 구성요인: 대학연계형 노인공동체 경험을 중심으로. 장기요양연구, 9(1), 115-144.

정다정(2021). 대학의 지역사회 참여와 사회적 자본의 형성. 비교교육연구, 31(3), 127-153.

정원식(2001). 지방자치시대의 도시간 지역격차의 실태와 영향요인 분석. 한국지방자치학회보, 13(1), 141-160.

차진영 · 하현상(2021). 대학–지역사회 연계 지역공동체 활동 네트워크의 확장과정 분석과 정책적 함의. 한국공공관리학보, 35(2), 115-145.

하상근(2018). 사회적 자본이 시민참여에 미치는 영향에 관한 연구: 사회적 및 정치적 참여를 중심으로. 한국행정논집, 30(4), 909-937.

한상일(2019). 지역공동체 참여의 이론과 현실: 지속가능하고 포용적인 공동체를 위한 대안의 모색. 집문당.

Giles D. E., & Eyler J.(1994), The impact of a college community service laboratory on students' personal, social and cognitive outcomes, Journal of Adolescence, 17(4), 327-339.

Gunasekara C.(2006). Reframing the role of universities in the development of regional innovation systems. The Journal of technology transfer, 31(1), 101-113.

Konig R.(1968). The Community. London, UK: Routledge & Kegan Pual.

Massey A., & Johnston-Miller K.(2016). Governance: Public governance to social innovation?. Policy & Politics, 44(4), 663-675.

Morris D. J., & Hess K.(1975). Neighborhood Power: The New Localism. Beacon Press.

Mulgan G.(2006). The process of social innovation. Innovations: technology, governance, globalization, 1(2), 145-162.

고양신문(2021.02.20.). "지역 기여 넘어 동행 위한 변혁에 앞장"

고양신문(2021.06.08.). "우리가 직접 지역사회 문제 발굴하고 정책제안까지 합니다"

교육을 바꾸는 사람들(피드백에 대한 모든 것) 21erick.org/column/3919/

지속가능발전포털 ncsd.go.kr/

AISNSW www.aisnsw.edu.au/

저자
약력

권혁(Hyuk, Kwon)

- 現 : 중부대학교 학생성장교양학부 교수
  한국기업경영학회 이사
  한국물류학회 이사
  국제e-비즈니스학회 이사
  고양시 청년정책위원회 위원
  과천시 청년정책위원회 위원
  정보통신기획평가원 평가위원
- 前 : 건국대학교 글로컬캠퍼스 교수
- 학력 : 동국대학교 국제통상학과 박사
- 관심분야 : 소셜벤처, 리빙랩, 벤처창업, 기업가정신,
  전자무역 등
- 저서 : 예비창업자를 위한 10대 실전전략,
  Venture business, Startup

서경화(Kyungwha, Seo)

- 現 : 중부대학교 학생성장교양학부 교수
  안암교육학회 정보화위원
- 前 : 다대고등학교 교사
  고려대학교 세종캠퍼스 CK사업단 연구교수
  고려대학교 고등정책연구소 연구원
  서울대학교 사교육정책연구소 연구원
- 학력 : 고려대학교 교육학과 박사
- 관심분야 : 진로교육, 미래교육, 조직문화, 고등교육혁신,
  빅데이터 분석 등

오현규(Hyun Gyu, Oh)

- 現 : 중부대학교 학생성장교양학부 교수
  충청남도지속가능발전협의회 청년특별위원회 위원
  세종특별자치시 시민주권회의 청년분과위원회 위원
- 前 : 인사혁신처 국가공무원인재개발원 전문경력관
  성균관대학교 동아시아공존협력연구센터 선임연구원
- 학력 : 성균관대학교 행정학과 박사
- 관심분야 : 공공 인적자원관리, 조직행태, 청년정책, 정부
  혁신 등

전미옥(Miok, Jeon)

- 現 : 중부대학교 학생성장교양학부 교수
  취업진로지원센터장
- 前 : 한국우편사업진흥원 비상임이사(2018-2021)
  대우세계경영연구회 운영위원
  대우중공업 홍보실
  서울경제신문 〈어린이서울경제〉 편집장
- 관심분야 : 진로와 취업, 자기개발, 커뮤니케이션,
  글쓰기와 말하기 등
- 저서 : 저는 일보다 사람이 어렵습니다, 스토리라이팅,
  대한민국 20대 말이 통하는 사람이 돼라,
  대학생을 위한 글과 사고(공저) 외

저자 4인은 중부대학교 시그니처 교양 교과목인 〈JB지역사랑프로젝트〉를 통해 대학생들이 지역사회에 관심을 갖고 문제해결적 봉사정신을 기를 수 있도록 다양한 지원을 아끼지 않고 있다. 특히, 저자들은 지역의 복잡한 문제를 학생들이 스스로 고민하고 해결할 수 있도록 다양한 방법론을 제공해왔다. 코로나19로 인해 학생 활동에 제약이 생기고 어려움도 있었지만, 오히려 그 과정에서 참신하고 놀라운 성과를 발견했다. 미래 학생들에게 의미 있는 사례로 도움을 주고자, 지난 과정에서의 고민과 시도들을 정리하여 이 책에 담았다. 저자들은 지금도 학령인구의 감소와 지역소멸 위기 속에서 학생-학교-지역사회가 더불어 성장할 수 있는 전략을 마련하기 위해 노력 중이다.

저자와의
합의하에
인지첩부
생략

JB지역사랑프로젝트

2022년 2월 20일 초판 1쇄 인쇄
2022년 2월 25일 초판 1쇄 발행

지은이 권혁·서경화·오현규·전미옥
펴낸이 진욱상
펴낸곳 (주)백산출판사
교　　정 박시내
본문디자인 구효숙
표지디자인 오정은

등　　록 2017년 5월 29일 제406-2017-000058호
주　　소 경기도 파주시 회동길 370(백산빌딩 3층)
전　　화 02-914-1621(代)
팩　　스 031-955-9911
이메일 edit@ibaeksan.kr
홈페이지 www.ibaeksan.kr

ISBN 979-11-6567-450-2　93330
값 13,000원